中国教师丛书

班主任工作技巧

纪明峰 编著

北京出版集团公司

北京教育出版社

图书在版编目（CIP）数据

班主任工作技巧 / 纪明峰编著 . — 北京：北京教育出版社，2019.3
（中国教师丛书）
ISBN 978-7-5704-0384-4

Ⅰ . ①班… Ⅱ . ①纪… Ⅲ . ①中小学—班主任工作
Ⅳ . ① G635.16

中国版本图书馆 CIP 数据核字（2018）第 131952 号

中国教师丛书
班主任工作技巧

纪明峰　编著

*

北京出版集团公司　　出版
北京教育出版社
（北京北三环中路 6 号）
邮政编码：100120
网址：www.bph.com.cn
北京出版集团公司总发行
全国各地书店经销
天津兴湘印务有限公司印刷

*

710×1000　　16 开本　　12.5 印张　　160 千字
2019 年 3 月第 1 版　　2019 年 3 月第 1 次印刷
ISBN 978-7-5704-0384-4
定价：37.00 元

版权所有　翻印必究

质量监督电话：（010）58572817　58572750　58572393

目 录

第一章　班集体建设

第一节　班集体的形成和发展

班级是一个学校开展教育教学活动及各项管理活动的基层组织。班集体不是一群人的机械组合，而是一个有正确的共同目标、坚强的领导核心，有严密的组织，能产生巨大教育作用的教育主体。培养良好的班集体，是班主任工作的中心环节之一。一般说来，班集体是在以班主任为主的教师集体有目的、有计划的组织下，通过各种活动，经过各个阶段逐步形成的。

一、班集体形成和发展的阶段

（一）组建班集体框架阶段

一个新学年开始，几十个来源不同、情况各异的学生走到一起，组成一个集体，一个新的班级就应运而生了。这个时候，班级是一个松散的群体，没有组织结构，没有约束机制，也没有共同的行为目标。同学之间相互感到陌生，尚未建立稳固的情感纽带。如何在极短的时间内，把一个松散的群体改建成一个具有一定归属感和凝聚力的班集体，就成为班主任的首要任务。

在这一阶段里，由于班级的管理机构还没有建立，班级活动和管理时时处处依赖班主任的决策指挥，班主任的一言一行直接影响着班级的发展。这一时期也是班主任工作最细致、最繁忙的时期之一。此时，班主任要根据学校及有关部门的要求，结合本班实际，提出明确、具体、可行的班级管理要求和目标，增强班级的约束力。同时班主任也要特别注意自身的言行，把自己的管理素质和品德修养全面展示给全体学生，以供学生效仿。否则，如果班主任在这一阶段给学生留下不良印象，则很难补救。

此外，初步建立临时班委会也是班主任的当务之急。由于在开学初期同学们普遍有一种较高的表现欲，希望自己在未来的班级中得到肯定，这时，班主任可根据学生实际情况开展一些多边交流活动，抓紧时间及时、准确地了解学生，选择积极分子并加以培养，在此基础上逐步委任一部分班干部。在班级管理中，班主任要特别注重培养班干部的威信，以便以后从繁杂的日常管理中抽身出来。总的说来，在这一阶段，班级管理以班主任的具体操作为主。

(二) 构建班集体管理体制阶段

经过初期一段时间的共同学习和生活，学生之间渐渐开始熟悉起来，并逐渐产生了一定的人际关系；涌现了一批崭露头角的积极分子，由班主任指定的班干部开始发挥核心作用，班集体的雏形开始形成。这时，班主任可直接指导班干部，由班干部独立主持一些班级活动，通过班级活动，有目的地逐步把这些班干部变为班级的骨干力量。在此基础上，班主任要抓紧时间创建班委会，发挥班级民主，把一批品学兼优、具有一定领导才能、热心班级事业的同学纳入班级的领导机构，根据个人实际和班级需要安排班务工作。

班干部队伍的整体素质直接关系到班集体建设的成败。在确立班干部队伍后，班主任要精心指导班干部的工作，一方面放手让他们主持班务工作，培养其威信和才能；另一方面要中肯地指出他们工作中的不足，促使其不断地提高自身素质。这里要特别注意两点：第一，班干部要以身作则，成为班级行为的楷模；第二，班干部要团结同学、号召同学，准确把握班级情况，真正成为班主任班级管理不可缺少的得力助手。

在这个阶段里，班集体的凝聚力得到一定程度的增强，班级内部的管理由班主任全面主持具体工作转变为班主任指导建议下的班干部的具体管理，在班级活动中全班有了一定的奋斗目标和较为统一的行为规范。另一方面，由于班集体的正确舆论还未形成，多数同学遵守纪律的自觉性不强，班级的自我教育功能不充分，因此，班主任要引导班干部着手制定较为细致的班级管理行为规范，初步建立班级的约束机制和压力机制。

第一章

班集体建设

（三） 完善班集体教育功能阶段

在班级全体成员的共同努力下，全班同学不再是一个涣散的学生集合，而是一个有健全领导体制和约束机制的有机整体。在班级内部管理中，班干部具有了独立主持班务工作的能力，

一部分积极分子紧密团结在班委会周围，班集体基本上形成了正确的舆论导向和集体荣誉感，少数班级建设的"落后分子"感受到班集体舆论的谴责，而逐步自觉地遵守学校和班级的纪律。此时的班集体已初步具备自我教育功能，学生不再是一个被纪律和规则约束的个体，而是一个具有一定自我管理、自我完善能力的班集体中的一员。良好的班集体已经形成。

在这一阶段，班主任的工作重点也发生了变化，由一个面面俱到的"保姆"，转变为一个高屋建瓴的主导，班级管理也要推陈出新。班主任要结合学校计划，指导班干部全面完成班级管理工作并不断调动其工作的积极性；同时班主任要有全局观念，细心观察，特别关注被班集体忽略或班级管理压抑的学生个体，促进全体学生的身心健康发展，在班级严格管理的基础上，注重学生个性的发展。

在班集体的一般形成过程中，大致都会经历从组建到比较成熟，再到最后形成共三个阶段，但这三个阶段也不是截然分开的。良好班集体的形成和发展需要班主任不断总结提高，在不同阶段需要采取不同的教育管理方法，创造性地开展工作。

二、良好班集体形成的标志

良好的班集体既是教育活动的对象，是教育活动的载体，也是学生自我教育的力量源泉。学校教育的实施，很大程度上依赖于一个个良好的班集体。实践证明，良好的班集体对学生的身心发展能产生极大的推动作用。一个良好的班集体应该具有以下四个标志：

（一）团结有力的领导集体

班主任是班级工作的主导力量，班主任的管理水平和整体素质对于班集体的建设将会产生至关重要的影响。但班主任如果包办一切班级工作，则不利于培养学生的主人翁意识，扼制学生能力的发展，同时班主任应付大量的日常管理工作，也难以有时间提高自己的教育教学水平和管理素质。班级建设需要班主任发现、培养一大批品学兼优的积极分子，并挑选出一批具有领导才能的学生担任班干部。班干部是班集体建设的支柱，是班级工作和班级目标的实践者，是班主任的必要助手。有了团结有力的班干部队伍，才能更好地组织班级活动，从而形成良好的班集体舆论和班风。

慎重选择班干部，充分发挥班干部的积极作用，并充分尊重班干部的工作，还要动态地调整班干部队伍。班干部队伍的调整，可以不断地激励班干部以及全体同学的进取心，也可以在不同的岗位上锻炼班干部，提高他们的领导素质。一个健全良好的班级，

第一章

班集体建设

应逐步建立班主任—核心班干部—班干部—大批积极分子—普通学生的班级管理模式。

（二）积极向上的班集体舆论导向

班集体的舆论是在班级内部形成的，也是大多数学生赞同的意见和思维取向。制度管理固然重要，但集体舆论也具有强大的感召力和影响力，班级有了正确的舆论导向，才能使班上大多数学生明辨是非、分清好坏，成为几十名学生发展的巨大精神力量，并内化为学生的行为规范和准则。同时积极向上的集体舆论对班级建设产生极大的约束力，有利于培养健康进取的良好班风。

班主任在班集体公众舆论的形成过程中扮演着重要的角色。事关班级发展壮大等一些重要问题，班主任要旗帜鲜明地表明自己的立场——支持什么、同意什么、反对什么，而对班级建设中出现的各种新情况，班主任要毫不含糊地表明自己的态度，并做到表扬深入人心、批评有理有据。班主任在关键时刻的优柔寡断或含糊其辞会使班级意志松懈和涣散，不利于形成统一的班集体舆论。班级建设中，要通过典型示范和班主任的言传身教，努力在全班形成正确的精神激励机制、道德压力机制、环境影响机制，使班级初步具备学生自我教育、自我提高的舆论道德管理模式。

（三）学生良好个性的充分发展

班级管理是否成功，很大程度上取决于班集体成员积极性能否得到最大限度的发挥，因此班级建设能否真正调动学生的积极性、主动性和创造性，就成为班级管理中的根本问题之一。我们的教育对象绝不是被动的客体，而是一个个有血有肉的具有一定独立性的教育主体。只有充分尊重学生的个性并促进其良好个性的充分发展，才能充分调动学生的积极性，促使各个学生投身到班级建设的群众性活动中。离开了学生群体的配合，仅靠班干部的努力是不可能建设好一个良好的班集体的。

班集体的建立同样需要共同意志及共同的约束力，这是班集体中每个成员的义务，但机械的管理约束下，可能阻碍班级中的学生个性，甚至形成压抑个性，这样的班级氛围不利于学生创造性的培养和能力的提高，容易在学生的内心形成班级建设的抵制情绪。我们必须强调班级统一管理的必要性，但不能借口统一管理而忽视学生个性的发展。一个班级几十名学生可以有不同的兴趣爱好，可以有不同的学习方法和审美情趣，可以有不同的素质发展方向，同时班主任要允许并鼓励各位同学对班级管理提出诸多合理化建议和意见，在关注大多数积极分子发展的同时对班上不太活跃的学生寄予必要的关怀。在班级管理中，学生不应是批量生产的工业品，而应是千姿百态的朵朵鲜花。

（四）较强的组织活动能力

青少年学生大多活泼好动，过于单调的课堂学习会使他们觉得枯燥乏味，组织好适当的班级活动，一方面能锻炼学生的活动能力、扩大眼界、增长知识，另一方面能增强学生间的友谊和团结，有利于建立蓬勃向上的班集体氛围。同时，积极健康的班级活动是加强学生思想品德教育、培养学生集体主义精神的重要环节。班级活动的水平和质量，取决于并能反映班级各位同学的素质、能力和精神面貌。

班级活动的形式是多种多样的，如：班会、黑板报、文体活动、社会调查、知识竞赛等等。班级活动的开展要以充分调动广大学生的积极性为首要目标。如果班级活动总是少数积极分子的，其效果将会因为积极性不够而大打折扣。同时班级活动也不能平淡随意，应群策群力，有创新精神，在思考上下功夫，这样的班级活动才能有号召力，才能提高班集体的凝聚力，才能真正反映出良好班集体的面貌。

总之，掌握好班集体的形成和发展规律，运用行之有效的方法，将会使班级工作获得更大的成绩，在学生进步的同时也使教师素质得到提高。各位班主任要以高度的责任心投身于班集体的建设中。

第二节　在集体建设中培养学生的责任感

未来社会面临的竞争越来越激烈，相应地对所需人才的要求越来越高。如何使在校学生学会学习、学会关心、学会合作、学会负责，培养他们形成健全的人格、创新意识和创新精神，已成为教育界的主流意识。责任心的培养正在引起人们的关注。"要增强青少年的社会责任感。"美国的西点军校还将"责任"二字作为校训。不难想象，只有具备高度责任感的人才会主动承担起对家庭的责任、对社会的责任，才会努力工作，报效祖国。

那么面对这样的未来，我们应该如何培养现代人才不能缺少的素质——责任感，如何在加强集体建设的同时培养学生的责任感，如何发挥集体的教育力量让学生在集体中锻炼，在集体中成长，成为有责任心的现代少年呢?

一、明确班集体的奋斗目标，强化学生的班集体意识

班集体的目标要集中反映党和国家对新一代人才的期望和要求，代表班集体的发展方向，要让每个学生清楚地知道集体的远期目标和近期目标。远期目标即一个优秀集体所要达到的要求，这些要求不是学生一两天能做到的，但我们要让学生知道这些要求不是可望而不可及的，而是通过努力之后能做到的，要让学生知道在这样优秀的集体中生活、学习会感到更愉快，使学生内心对优秀集体产生渴望。近期目标是根据学校各部门布置的近期工作，结合本班的实际情况，有组织、有目的地完成各项任务，使学生的个人奋斗目标与集体奋斗目标相一致。如学校将举行学生田径运动会，集体的目标是在本次运动会上取得较好的成绩，落实到个人的任务是每个队员在近期需积极参加体育锻炼，根据自己的强项有目的地自觉训练，参赛队员则在集体中选拔，这样队员们不仅为自己的健康而锻炼，更是为集体的荣誉而锻炼，强烈的集体意识能产生强大的动力，促使学生前进，促使队员和集体步调一致，促使队员的动力与集体的意志融为一体。

第
一
章

班集体建设

9

二、建立良好人际关系发展氛围，培养学生的集体协作精神

良好的人际关系，应是平等、团结、友爱、互助、民主的社会主义新型的人际关系，这种新型的人际关系使队员组成了有机整体，使学生意识到在科技高速发展的今天，个人的力量很薄弱，个人的智慧像大海中的一滴水那样微小，许多工作都要靠集体的力量才能完成。比尔·盖茨为什么会成为世界首富？他的微软世界不是靠他一个人在家想出来的，而是由很多合作者与他共同经营，靠集体的智慧创造出来的。大到国家的建设，小到个人的学习、生活、工作，都是在与别人的交流合作中完成的，作为学生应懂得尊重他人，团结同学，以谦逊的态度学他人之长、补己之短，以民主的方式与他人合作，从小养成集体协作精神。

三、建立健全班集体组织机构，培养学生履行义务的习惯

健全的班级组织机构是班集体的基本建设，没有健全的组织机构就会只有个体而无集体，只有个体活动而无集体管理。有了健全的组织机构，有了机构的各种职能，有了评价的标准，有了管理的内容、方法、管理机构的成员，也有了被管理的成员，学生就会在管理和被管理中认识到责任，学会履行职责。在班集体中，有班长、学习委员、劳动委员、文娱委员等班干部，每个班干部都有自己的份内事：班长作为班主任的得力助手，全面监督

班级的整体情况；学习委员起学习带头作用，这位学生必须学习优秀，而且要热心帮助后进生；劳动委员首先要劳动，起劳动榜样作用，要保证班级的清洁卫生，要督促同学们做好值日生工作……每个班干部肩上都有责任，这些责任是每个学生干部的义务，学生们在履行义务的同时也能加强对责任心的培养。

四、树立积极向上的舆论导向，增强集体教育力量

积极向上的舆论导向是培养青少年的巨大教育力量。它对集体中每个成员的言行能及时作出褒或贬、肯定或否定、倡导或抑制的评价，对所有成员进行直接的监督和调节。集体使学生产生强烈的责任感，他们的成长需要集体生活，特别是他们的所作所为得到集体舆论的认可，他们就会更热爱集体，更愿意为集体贡献力量。健康的舆论使学生更信任集体，更依赖集体，从而增强学生的集体观念，培养他们良好的责任感。

第三节　建设优秀班集体

班级是学校开展教育教学和管理活动的最基本单位，也是班主任进行各项教育工作的依靠力量和组织保证。一个良好的班集体对每个学生的健康发展都有着巨大的教育作用。形成一个良好的班集体，需要每一位班主任做大量深入细致的工作。

一、确立班集体的奋斗目标

班集体共同确立的奋斗目标，是班集体的共同理想、前进的方向和奋斗的动力，班集体如果没有共同追求的奋斗目标，就会失去前进的动力。所以，一个良好的班集体应该有一个集体的奋斗目标，这个目标应是远期、中期、近期目标的结合，逐步实现目标的过程会产生梯次激励效应，形成强大的班级凝聚力。作为班级组织者的班主任应结合本班学生思想、学习、生活实际，制定出本班的奋斗目标。在实现班集体奋斗目标的过程中，要充分发挥集体中每个成员的积极性，使实现目标的过程成为教育与自我教育的过程，每一集体目标的实现，都是全体成员共同努力的结果，要让他们分享到集体的欢乐和幸福，从而形成集体的荣誉感和责任感。

二、培养正确的舆论导向和良好的班风

一个良好的班集体要形成积极向上的舆论导向以及良好的班风，这样才能更好地去影响、制约每个学生的心理，规范每个学生的行为。正确的舆论是一种巨大的教育力量，对班级每个成员都有约束、感染、熏陶、激励的作用。在扶正压邪、奖善惩恶的过程中，舆论具有行政命令和规章制度所不可代替的特殊作用。因此，班内要注意培养正确的集体舆论，善于引导学生对班级生活中一些现象进行议论、评价，形成"好人好事有人夸，不良现象有人抓"的风气。

三、实行班级管理的细致化和民主化

有句话说"抓在细微处，落在实效中"，班主任工作只有细致入微，才能使班级管理见成效，而在细致管理基础上还应充分发挥民主。班主任要有意识让学生参与管理，创设各种表现机会，充分调动全班每个同学的积极性，形成民主管理气氛，使学生自我表现心理得到满足，民主意识得到培养，管理能力得到增强。有一位老师照魏书生老师的一些做法，在班内实行"分级管理制"。一级管理：六名班委，负责全班各大项工作的监督总结。二级管理：大组长和小组长，分管各组的学习和卫生。三级管理：科代表，负责各学科的学习情况，及时辅助任课教师的工作。四级管理：职责长，负责班内各项小范围工作，如"灯长""盒长""桌长""门长""窗长"等，把班内大小而琐碎的工作分配到个人，使每个人都是官，都是班内小主人，收到了很好的民主激励效应。

四、发挥班委会和骨干的核心力量

运作正常并发展良好的班集体，必然拥有一批团结在班主任周围的积极分子，组成班集体的核心，有了这个核心，才能带动全班同学去努力实现集体目标。在上一点中提到的一级管理人员即为班内核心力量，他们分别负责其他级别的各项工作，如"学习委员"负责指导总结"科代表"的工作，"生活委员"负责指导督促"职责长"的工作等。

第一章

班集体建设

五、开展各种有意义的教育活动

集体活动能发挥娱乐、导向、育人的功能，班主任要积极组织、参与学校各项有意义的活动，在活动中，促进学生相互关心，尊重理解和协作关系。许多优秀班主任的经验表明，"寓教育于活动中"对实现班集体的共同目标，对每一个人的健康成长，都是行之有效的。教育活动则需班主任根据不同年级的特点来确定。最后，良好的班集体的形成还需要有一个优秀的班主任才能更好地完成以上工作。

第二章　班主任个人威信的确立

　　按照马克思主义理论的理解，我们知道威信是指在社会生活中人们所公认的威望和影响而形成的一种支配力量，它所反映的是一种影响与被影响、支配与被支配的关系。在学校教育中，班主任与学生之间是一种和平与民主的人际关系，特别是在学生主体意识日益增强的当今社会，做好学生德育思想工作，班主任就需要个人威信，适度的个人威信是开展学校教育活动的必要前提。

　　班主任个人威信确立的因素中，起决定性作用的有班主任的人格魅力、班级管理能力、个人学识等，其中知识威信是基础，管理技艺是支柱，人格魅力是后盾。班主任个人威信的形成和建立不是凭空而来的，它需要班主任的自觉和自律。

　　树立终身学习的教育观念。当今时代是一个高速发展的知识经济的时代，知识和技术日新月异，一个人仅靠一次性教育所获得的知识是不能满足社会变革的需求的。况且学生们对新事物的追求、对新观念的理解的欲望都很强烈。班主任进行学生管理，就必须更新观念，研究新事物的发展，给学生必要的指导和帮助。因此，必须树立终身学习的观念，时时学习，自觉进修，提高自我知识水平和业务能力。学高为师，班主任只有拥有渊博的专业知识，才能让社会和学生肯定自己的个人威信。

加强教师思想道德建设。教师的思想道德建设是教师个体道德修养和职业道德修为的有机统一体，是教师人格魅力的核心内容。班主任的个人威信的形成，要靠他人格上的感召力。班主任的行为举止稳重而不做作，性格活泼开朗而不轻浮，与学生交往热情大方而不矫饰，言语谈吐谦逊而不庸俗，这些良好的风度仪表，和他平日里所表现出来的从容自信，和蔼可亲，善于沟通等，会使班主任的活动产生巨大的吸引力，形成个人威信。

深入学生生活实际，提高日常管理技能。教师要试着全面的了解自己的学生，多种方式、多个角度地去认识学生，既要了解学生的在校学习情况，又要了解其在校内外的生活情况。在日常生活中，学生管理坚持既要有全面性原则，又要有个性特征；既要严格要求，又要关心爱护，严与爱相互统一。这样通过在实践中不断探索，提高自己的管理技能，提升个人威信。

班主任的个人威信高低，将直接影响到班级管理工作进展的顺利与否，甚至关系到青少年学生的成长与进步。班主任在日常教学管理中，要加强自我修养，努力提升个人威信，去实践教书育人、无限忠诚于教育事业的宗旨，任重道远。

才识方面的威信是支撑班主任整个个人威信的坚实基础，教育是"一切艺术中最渊博、最复杂、最高和最充分的艺术"。有的学者认为"教师既要有理论家分析综合、雄辩之才，又要有艺术家想象概括、表现之才，既要有科学家观察、实验、推理之才，又要有语言家凝练、形象、表达之才"。所以作为班主任，我们必须要使自己多才多艺，而首先要在自己的专业课上具有较高的造诣，因为班主任的威望很大程度上取决于其渊博的专业知识和高超的教学艺术。班主任老师所要面对的青少年学生，正是一群生机勃发、兴趣盎然的群体，他们有着强烈的求知欲，上至宇宙太空、下至海洋生物，从远古的恐龙灭绝到未来的"星球大战"，从宏观到微观，无不成为其探索、求知的对象。这无形中就向老师提出更高、更强、更新的挑战，要求老师"一切东西懂一点儿，某一东西懂一切"，要求老师比学生所要掌握的专业知识高出几筹、深入几分，不但要"知其然"，还要"知其所以然"，这样，才会在"三尺弹丸"之地，发挥纵横千里之势，使上下五千年、东西数万里的知识，如出我口，如出我心，学生自然而然就会"微笑、默叹、以为妙绝"。这就使班主任本人对学生保持有一种源于科学、源于知识的人格魅力。

虽然唐代的韩愈强调过"弟子不必不如师，师不必贤于弟子"。可是，在现实生活中，如果作为中学老师，知识面太窄，教数学的不懂化学，教政治的不懂历史，教语文的不懂得"$x+y$"，甚至把牛顿和巴顿混为一谈，对这样的老师，"想说爱你不容易"，更不用说提高教育效率了。如果是这样的班主任，那么，无论他如何呕心沥血，如何鞠躬尽瘁，学生都是"既不看僧面也不看佛面"，充其量只会涌起对班主任的一点儿原始的同情和怜悯之情，怎么能得到学生由衷的敬佩呢？魏书生之所以在班主任工作上出类拔萃，很大程度上与这位被誉为"语文教改专家"的高水平、高艺术的教学是分不开的。我们不敢想象，一位把专业课上得一塌糊涂的老师，怎能建成一个秩序井然的优秀班集体？

第一节　班主任的人格魅力

　　按词典里的说法，所谓"人格"既指个人的道德品质，也指人的性格、气质、能力等特征的总和。而"魅力"，则是指"很能吸引人的力量"。据此理解，"班主任的人格魅力"，当是指班主任在人格方面表现出来的"很能吸引学生的力量"。就其本质而言，班主任的人格是班主任个人内在学养和禀性的总和，是班主任的知识、能力、情感、习惯、意志、信念、气质和道德情操等方面的高度统一和集中体现。

　　教师是学校教育行为的具体执行者，而在班级授课制的今天，学校的教育行为主要是通过班集体来进行的。作为"园丁"，作为班集体建设的具体承担者和管理者，班主任在学校教育中的地位和作用，更是非同小可。实践证明，班主任的思想水平、工作能力和道德品质，往往决定着班集体的建设水平，会对班集体的教育质量产生根本性的影响。一个优秀的班主任，可以通过自己的努力改变差班的面貌，使其进入优秀班集体的行列，而一个不称职的班主任则可能与此相反。因此，无论是学生、家长，还是学校领导、教师，都对班主任寄予了莫大的希望。学生入学，不仅希望能进入理想学校，更希望能遇到一位好的班主任。学校在吸纳新教师时，也总是把能否当班主任、能否当好班主任作为重要的参照。这些都充分地表明了班主任工作有着举足轻重的地位和作用。

　　学校教育，既要教书，又要育人，既要传授知识、培养能力，更要陶冶道德情操、催育人文精神。学校教育能否成功，在很大程度上取决于老师，特别是班主任老师的知识水平、业务能力和道德品质。可以说，班主任是影响学生最积极、最深刻的因素；班主任的天职，就应当是为人师表。这里的"为人师表"有两种内涵：一为"经师"，即传授知识，一为"人师"，即教学生做人。为人之师，自当为人之表，为人之表，方能为人之师。古云"学高为师，身正为范"，这就需要班主任加强师德，正心修身，励志笃行，精其业，美其德，以自身的学识修养和道德品质，以自身的人格魅力去吸引学生，感染学生，影响并规范学生，让学生因亲其师、敬其师而信其理、从其道。

　　俄国著名教育家乌申斯基说："在教育中一切都应以教育者的人格为基础，因为只有人格才能影响人格。"结合他的这番话，对班主任人格魅力于学校教育的重要意义，我们还可以从班主任工作的劳动对象、劳动过程和劳动方式的特点方面来加以认识。

　　班主任工作是一项特殊而复杂的劳动。它的特殊性表现在，班主任每天面对的对象，都是年轻、单纯的青少年学生。这一时期的学生正处于世界观、人生观初步形成的重要时期，具有可塑性强、模仿力强、"向师性""从师性"明显等特点。俗话说"兵随将转"，无论教师是否意识到，在学校教育中，学生总是把他们的所作所为视若权威，奉为典范的。德国教育家第斯多惠曾说，教师本人是学校里最重要的师表，是直接的最有教益的模范，是学生活生生的榜样。而班主任尤其如此。班主任的思想行为、道德观念，乃至一个手势、一种姿态、一丝笑意，或一次愠怒，都可能对学生的思想行为和道德观念产生无可估量的影响。因此，无论课堂上还是日常生活中，班主任老师都应当严格要求自己身体力行，以自己的智慧、品德、修养等，做好学生的表率。孔子说："其身正，不令而行；其身不正，虽令不从。"即是说，要把学生培养成什么样的人，教师首先自己就应当是这样的人。班主任希望学生具有什么样的品质，首先自己就应当具有这样的品质。班主任要教给学生什么样的思想，首先自己就得具有这样的思想。一句话，班主任应当以自身的人格去丰富学生的学识，陶冶学生的情操，塑造学生的人格，让学生不令而行，心悦诚服，敬师尊师，乐学好学。

班主任工作的劳动过程，说到底，就是班主任以自身的知识、情感、习惯、格调、信仰、思想境界、道德水平和情操志趣，通过各种行为渗透并影响、作用于学生的过程。其实，作为人类文明薪火相传的一种方式，教育本身就是一种人文影响，一种情志贯通，而且，这种影响和贯通，往往不是在轰轰烈烈中展示，而是在平凡、普通、细微甚至琐碎中体现。用苏霍姆林斯基的话说，"教育是人和人的心灵上最微妙的相互接触"。班主任每天与学生朝夕相处，在以自己的学术知识直接教导学生、培养学生才智的时候，也以自己的言行举止和思想品质，通过潜移默化、熏陶渐染的方式影响着学生。班主任教给学生的，不只是书本里现成的知识，还有无法物化在书本里的道德信念和人生哲理。班主任不仅是学生求知的引导者，更是学生做人的领路人。正因为如此，陶行知才将老师的职务表述为"千教万教，教人求真"，将学生

第二章

班主任个人威信的确立

的职责表述为"千学万学，学做真人"。要教学生"求真"，班主任自己首先得"真"；要让学生从自己身上"学做真人"，老师应当首先是一个"真人"。真人才能培育真人。春风化雨，润物无声。在教育教学过程中，优秀的班主任，应当以自己崇高、正直的人格魅力，去吸引和感染学生；那种虚假伪善、巧言令色、道貌岸然、人格卑下的班主任，是不可能把学生教好的。

就劳动方式而言，班主任是以自己的学术水平和道德情操为依托，通过自身的榜样示范，去征服、感化、教育学生的。从宏观上讲，无论哪种教育，归结起来都不外乎"言传身教"四个字。所谓"言传"，就是通过教师的语言（包括书面语和口语），对学生晓之以理，这当然是主要的途径，但并非唯一的手段。在教育方式上，更重要的还是"身教"。所谓"身教"，就是教师正人先正己，通过自己的身体力行，去影响和规范学生的行为；所谓"身教"，就是学为人师，行为世范，就是以身作则，率先垂范。教育学生弄清是非，首先自己得弄清是非；教育学生要有理想，首先自己得有理想；教育学生要勇敢、正直、诚实，首先自己得勇敢、正直、诚实。一句话，凡要求学生做到的，班主任自己应当首先做到，正所谓"与其喊破嗓子，不如作出样子"。我们常说"身教重于言教"，班主任的学识深浅、能力强弱、品德优劣、人格高下，对学生的人格形成，都有直接而重要的影响作用。对学生的心灵来说，班主任的人格范例是任何教科书和道德说教都代替不了的"最有用的阳光"（乌申斯基）。一位好的班主任，本身就具有强大的说服力、感染力和教育力。俗话说"跟着好人学好人，跟着师婆跳假神"，只有人格才能影响人格，只有灵魂才能熔铸灵魂，只有自己具有美好高尚的心灵，才能使别人的心灵更加高尚、美好。

班主任的工作对象、工作过程及工作方式的特点，都要求班主任不仅要有较高的专业知识水平，还要有高尚健全的人格力量。而班主任的人格力量，正是来自学术水平和道德情操的完美统一。在这里，学术水平是重要的，道德情操更为重要。但丁说过"道德可以弥补学识的不足"，而道德方面的缺陷，却是再高深、再渊博的学识也无法弥补的。与此同时，我们也应当看到，班主任老师的人格力量，并非一成不变，而是在个人先天素质的基础上，通过具体生活环境（包括家庭、学校、工作岗位等方面）的影响而逐步形成和完善的。

那么，作为一个班主任，怎样才能使自己富有人格魅力呢？

首先，要具备真才实学，有为人师表的资本。搞好教学是老师的天职。"要想当好先生，就得先当学生。"教育者必须先受教育。学生在学校教育中，首先是学习知识、培养能力，班主任也首先应当具有深厚的专业知识，并随时吸收新信息，不断更新和充实自己的学养，在知识能力方面赢得学生的尊重。师高才能弟子强。作为"传道授业解惑"的主体，班主任应当凭自己渊深的学识，而不是班主任的架子或暴躁的脾气去树立威信，让学生发自内心地佩服他、敬重他，甚至崇拜、模仿他。与此同时，班主任要科学育人，还必须懂得教育教学的基本规律，掌握先进的教育教学理论，以加强工作的针对性、预见性和科学性。这就需要班主任老师必须严谨治学，深钻精研，对所教学科全面掌握，融会贯通，而不能"以其昏昏，使人昭昭"；要真正做到"学而不厌，诲人不倦"，从善如流，不断进取，以提高自身的学养能力。作为一个现代教育者，班主任最理想的知识构架，我认为应当是：渊博深厚的基础知识，加上生动丰富的社会人生知识，再加上扎实系统的教育科学知识。只有这样，才能带领学生在知识的海洋中遨游，引导学生全面发展。

其次，应当言行真诚，表里如一。无论是教育态度还是教育方法，都要真诚。班主任对自己的事业，要真心热爱，乐于奉献；对自己的学生，要赤诚相待，开诚布公，不居高临下，不自欺欺人，不夸夸其谈，不口是心非，不做小动作，不搞假场合，不唱高调，不摆架子，不夸饰，不炫耀——总之要诚实无欺。陶行知先生《育才十二要》的第一条就是"要诚实无欺"。俗话说"诚则灵""伪则败"，只有真诚才能赢得尊重，也只有真诚才能换取真诚，才能打开学生的心扉，沟通师生的思想，搭起教育者和受教育者之间的桥梁。作为一个班主任，既要做学生的良师，又要做学生的益友，既要以身作则引导学生，又要像父母一样处处给他们深沉的爱。"爱"是教育的基础和前提，是师生间最有力的连接点，也是最有权威的教育力量。

再次，应当襟怀坦荡，正直公平。要教学生做真人、做好人，班主任必须在道德形象方面做好，并时时率先垂范，处处以身作则。班主任的言行会时刻影响学生，所以更需要严于律己。一个班主任，面对的是几十个学生，他们每个人都有自己独特的地方，班主任对待他们，首先应当正直公允，一视同仁。在班主任眼里，应无等级高低之分，每个学生都是一道特别的风景，都有平等享受教育的权利；在班主任心中，应无世俗贵贱之念，对优生不偏爱，对权贵子弟不袒护，对差生不歧视，不讽刺；不简单粗暴，不武断独裁，不体罚或变相体罚学生，而能有教无类，因材施教，循循善诱，诲人不倦。班主任应充分地热爱、信任和尊重每一个学生作为个体的自主性，以满腔的热情和真诚的心灵，去点燃学生思想情感的火花，让学生在宽松平等、健康和谐的气氛中，感受到学习的愉快和创造的乐趣，并逐渐形成健全完整、乐观向上的人格品质，以适应未来的需要。

十年树木，百年树人。教育是未来的事业，关乎国运兴衰。今天的学生将是明天国家的栋梁。振兴民族的希望在于教育，振兴教育的希望在于班主任。作为"人类灵魂的工程师"，班主任应当既以自己的精深学识去教育、引导学生，又以自身的人格力量去影响、熏陶学生，使他们不仅学到科学文化知识，而且懂得正直、真诚、谦谨等做人的道理，成为一个"真正的人"。

第二节　班主任人格魅力对学生的影响

班级是学校开展各项工作的基本单位，学校中的教育教学工作和对学生的管理工作等主要是通过班级来进行的。班主任是全班学生的组织者、领导者和教育者，是学生健康成长的引路人，是学校行政领导对学生进行思想品德教育的重要助手和骨干力量，同时也是联系班级任课教师、沟通学校与学生家庭以及社会教育力量的桥梁。

班主任的思想修养、性格特征、思想作风等，都会对班集体的形成、发展以及学生的成长产生深刻的影响。班主任必须在班内塑造自己的形象，并通过自己的形象魅力，团结、感召、带动全班学生，使大家形成一种积极向上的精神合力，把班级各项工作做好。

有人研究，但凡班主任老师个性张扬的，其学生大多活泼外向；治学严谨、恪尽职守、勇于进取的班主任老师，其学生一般都能安心学习，并积极向上；更有意思的是，如果班主任教师比较注重仪表整洁，谈吐高雅，其学生也明显比其他班级学生更文明，更整洁。真可谓"蓬生麻中，不扶自直"。令人不得不慨叹班主任老师这种"潜移默化"的影响，也更令人真切地体味了班主任教师的示范作用。可见，重塑新时期班主任老师良好人格形象，已是当前学校学生管理中不可忽视的一个重要方面。

一、班主任人格魅力的构成

"人格是人的性格、气质、能力等特征的总和"。如果上述特征上升到吸引人的程度，就可称为人格魅力了。可见由人格上升为人格魅力，犹如由有知识上升到有文化一样。腹有诗书气自华，教师人格魅力的形成也必须经历一个由量变到质变的积累过程。看看当前中学生的现状：他们告别了天真烂漫的儿童时代，其思维正处于由单纯向复杂过渡的阶段。一方面，他们渴望广泛接触和深入了解纷繁复杂的社会，向往美好理想并希望把自己塑造成一个完美的人；另一方面，由于他们涉世不深，知识积累不够，对人生，对社会不能深入地观察和思考，往往是凭着一腔热情、某些直觉和主观愿望去追求美、体验美。他们注重美的形式多于美的内涵和意蕴，他们甚至不能准确地把握何者为美、何者为丑，有时甚至黑白混淆，是非颠倒，这种心理上的盲从，客观上要求学校学生管理者的正确引导，而具备人格魅力的班主任老师更能起到"润物细无声"的功效。

对一个班集体来说，班主任就是班集体全体学生全面健康成长中的导师和引路人，作用巨大。以身作则，为人师表既是教师道德的显著特征，也是班主任工作的立身之本。

（一）率先垂范，建立平等的师生关系

为人师表，是指教师要将自己的言行作为榜样，成为学生学习、效仿的楷模和表率，这是教师的本色。孔子云："子师以正，孰敢不正。"他认为，一个人首先自立，才能立人；首先正己，才能正人。所以他又说："其身正，不令而行；其身不正，虽令不从。"

从某种意义上可以说，学生是教师的翻版，也是教师生命的延续。一个班级主要是班主任的翻版，主要是班主任个性的延续。因此班主任应该率先垂范，言行一致，用自己的实际行动教育学生。平常，以饱满的热情、积极的姿态出现在学生面前，随手把讲台上的粉笔盒摆好，看见地上有纸团便随手拾起，经常帮助值日生拖地，等等。所有这些都在潜移默化中感染着学生、激励着学生，让他们在值日工作中认真仔细，尤其让每一个学生平时都关心起班级的一切。

曾有人形象地比喻说，学生的眼睛是"录像机"，耳朵是"录音机"，脑子是"电子计算机"，最后获得的信息就指导他们的实际行动。不难看出，班主任人格力量的影响有多大，这是任何教科书、道德箴言和奖惩制度都不能代替的一种纯正的教育力量。当然，为人师表要求班主任有较高的人格修养，并始终严格自律，但是，要建立良好的班集体，塑造学生美好的心灵，班主任就一定要以身作则：要求学生做到的，自己首先要做到；要求学生不做的，自己首先不做。所有这些就让学生感到在这样的班主任管理的班级中学习是一种幸运。在此基础上营造一个众心向往的班风，铸就一个摄人心魄的班魂就比较容易，这些又无疑能让学生不断享受着这个班级带给他们的精神和荣誉，并可能使他们终身受益。

（二）建立一种民主的师生关系

工作中，作为一名教师尤其是班主任，应该清楚地意识到：班主任如何对待学生，把学生放在什么位置，对学生能否培养主人翁责任感，形成集体意识，创建良好班集体，都至关重要。

在日常学校教育教学过程中，大部分学生对班主任的言行都是比较敏感的，都希望得到班主任有力的教导与关怀。假如班主任不善解人意，总自以为是，独断专行，听不得学生的一点儿意见，一切都是自己说了算，那么学生在这种环境中生活，就很难体会到自己是班级的主人，那么学生即使对班级工作有好的建议教师也不会接受，更不会采纳。久而久之，学生就不会把班集体当作自己的集体，不会主动积极地为建设好它献计献策，当然就更谈不上主人翁责任感。

班主任在班级管理中要坚持面向全体学生，做到公正、公平、合理、一视同仁，把学生看作是与自己人格完全平等的人，看作是班级的主人，认真听取学生对班级工作的意见和建议，对于应该由班干部和其他同学做的工作，班主任决不越俎代庖。这样，学生切实感到自己是班级的主人，参与班级工作的积极性就能调动起来，都认为自己对这个集体有义不容辞的责任，总是想方设法要把这个集体搞好。其实这些就是学生主人翁精神的萌芽，良好的班集体就容易形成。

在这个基础上，作为学生道德意识的重要组成部分的集体意识，也会产生并且日益强化，这不仅有利于班集体的建设，使班级工作顺利进行，更重要的是有助于学生走上社会以后，能够以一个合格的社会成员的身份，以主人翁的精神面貌出现在众人面前，为我们社会主义事业勇于开拓，敢于创新，尽职尽责。

（三）关爱学生，做学生的知心朋友

师爱是学生更好地接受教育并取得更好教学效果的心理基础，也是形成班集体的前提，可在学生心目中产生对老师的信任感和亲近感，形成良好的教育基础。老师关心热爱学生才能赢得学生的爱戴与信任，使学生相信、接受老师的教育与引导，收到"亲其师，信其道"的效果。

班主任对学生的那一份关爱，拨动了学生心灵深处的"琴弦"，引起他们感情的共鸣，诱发他们奋发图强的决心和意志，使他们自觉懂得和接受老师所讲的道理。而且教师感情投资越多，对学生越爱，学生心灵就会越容易被教师征服，学生就会对教师言听计从了。相反，如果教师缺乏爱心，师生关系冷漠，双方心理隔阂严重，学生不仅不会接受教育，而且还会对教师的爱心产生抵制心理：表扬，学生认为是哄人；批评，学生认为是整人。

所以，只有从真正热爱学生出发，才能使学生在他的生活中，不断体验人与人之间那种友爱、善良、公正、尊重、信任等美好的感情，进而逐步形成对人与人之间关系的正确认识。由于这种认识和信念有着坚实的思想感情基础，学生不仅会由单纯接受别人的爱，转变为爱同学、爱老师、爱父母，而且还会形成爱集体、爱人民、爱祖国的高尚情感和信念，在这样的基础上形成的班集体，其凝聚力才是牢固的。

当然，爱护学生的确重要，而严格要求学生，则是对学生爱护关心的更深层次的体现，所以还需宽严相济。班主任应当要求学生严格遵守社会公德，遵守学生日常行为规范与校纪班规，养成良好的道德与行为习惯。但严格不是专横与粗暴，应是严出于爱，爱寓于严，严爱相济，搞好对学生的教育。

（四）学习学生，互促互进

现在学校中有很多班主任的形象让学生不喜欢，甚至产生讨厌反感的情绪。其中一类就是讲话喋喋不休，老生常谈，就那么几句假话、大话、空话。这是什么原因呢？原来是这种班主任不注意语言艺术，讲得苛刻一点儿，就是这种班主任的某些素质不够高。相反，很多班主任会发现，一个老师若能培养与学生心理相通的情趣爱好，如集邮、音乐、绘画、体育等，或写得一手好字、弹得一首好曲、讲课使满堂生辉，就能引起学生强烈的共鸣与好感，从而在学生心目中树立起美好的形象和威信，由对老师的敬佩之情转为自觉服从老师教导的行动。

（五）培养良好的性格修养

良好的性格是班主任个性品质的集中体现，它不仅对班级工作有很大的推动作用，而且对学生性格的形成、发展具有直接的影响，有人说，性格决定人生，决定命运。尽管此说法有点儿偏颇，但也道出了性格对于人的一生有着重要影响。当然，一个人性格形成既有先天遗传的因素，又有后天环境的影响，而良好的性格修养主要依赖于后天环境的耳濡目染。那么什么是性格呢？"性格是人在对人、对事的态度和方式上所表现出来的比较稳定的心理特征，如勇敢、宽厚、刚强等"。

班主任良好的性格主要包括以下三个方面：

第一，博爱、宽容。教育事业是充满爱的事业，没有爱便没有教育。只有对自己所从事的教育教学和管理工作的全过程倾注爱心的老师，才能发自内心地去关心、爱护、理解、尊重学生。"教育必须面向全体学生"，博爱要求班主任对每一位学生都给予关注、期望、信任，班主任只有这样，才能对每个学生倾注真诚的爱，也只有这样，才能发现每一个学生的亮点，才能充分发挥其自我发展、自我教育的潜力。博爱犹如一缕春风、一股暖流悄悄滋润着每一个学生的心灵，潜在地影响着他们的精神世界，并蔓延开去。何谓宽容？辞书曰：宽大而有气量。宽容是一种以退为进的大度。正是在宽容创造的空间里，让学生找到了尊严和体谅，留有了自惭和反省的余地，更唤醒了知耻而后勇的向善心。以自己的退让换取学生的进步，宽容将永远是一种人格力量。必要的宽容，可以营造出和谐的师生关系，这将为教学和管理的良性发展打下良好基础。

第二，乐观向上。乐观向上的性格能使人感受到生活中灿烂的阳光。一旦你带着快乐的心情去和别人交往，快乐也能传递给别人，这样的连锁反应既能让自己感觉到快乐，也能让别人变得快乐。班主任老师的一个眼神，一次微笑，都能在不经意间产生神奇的教育效果。如果在班级管理的全过程中，无论遇到什么压力，班主任老师都能乐观向上、不屈不挠、积极应对，不在学生面前流露半点儿情绪，那么，这种感染将会变得持久，并能逐渐培养学生乐观向上、活泼开朗的性格。

第三，诚实、守信。良好的品德是一个人的立身之本。诚实、守信是做人的基本道德原则。社会呼唤诚信，人人都要讲诚信。然而，受不良社会风气影响，学生中不乏弄虚作假、阿谀奉承之辈，哗众取宠之徒。尤其是处于中等教育阶段的学生正面临着就业，培养其诚实守信的品德，是教师特别是班主任老师义不容辞的责任，这客观上要求班主任老师也应诚实，敢于讲真话、讲实话，践行履约，说话算数，不敷衍学生，以自己的诚实人格感染学生，培养学生正直、守信的高尚品格。

（六）掌握渊博的知识积累

班主任的人格修养与其自身的文化素质有直接联系。深广的知识积累将在一定程度上促进班主任人格修养的进步，并支撑着

第二章

班主任个人威信的确立

班主任的人格形象。

作为一名教师，担负着传道、授业、解惑的神圣职责。这要求他在所任教的学科领域有真才实学。对教师而言，其教学能力就是一种人格力量。广博的知识，过硬的教学基础，是树立教师威信、赢得学生尊重的重要条件。如果某班主任又是该班的任课教师，并能树立"好老师"形象，那么，其班级管理的难度至少要减轻三分之一。另外，班主任还要掌握与教师职业相关的知识，如人文知识、历史知识、艺术知识，甚至一些生活常识、卫生保健等。渊博的知识积累，意义不仅在于为处于敏感年龄段的学生解决生活与学习的困难和疑惑，可以在不经意间点燃学生的求知火花，更重要的是因此而赢得学生对班主任人格意义上的尊敬。有的学生因为对老师的敬重，或受其影响，才确立了自己的人生理想，不再消极沉沦，学习的积极性日益高涨，由被动学习变为主动学习。

（七）培养高雅的审美情趣

教师的职业虽说主要是向学生传授知识，但教师的言行举止同时还是学生效仿的对象。作为育人者，不仅需要内在美，同时也需要外在美。我们不是提倡环境育人吗？美化校园环境，既包括校园设施美化，也包括教师本人的仪表美，而班主任更是最直接的环境因素。上海的一所学校，不是规定女教师必须化淡妆才能上讲台吗？如果我们的教师，特别是班主任教师，若能从发型、服饰、脸部等方面适当地妆饰自己，实现内在美与外在美的和谐统一，那么展现在学生面前的我们，就会气质高雅，形象亲切，从而对学生产生强大的吸引力与亲和力。相反，作为一名教师不修边幅、仪表不整、出言粗俗，那将会对学生产生何种影响呢？因此，高雅的审美情趣外化为仪表的端庄、谈吐的高雅，就能发挥教师的人际吸引力。而学生也有一定的模仿能力，并能注重自己的仪表及行为举止。"亲其师而信其道"，多年的教学实践证明，一个学生可能因为喜欢某个老师，而喜欢他的课，乃至服从其管理，也可能因为不喜欢某个老师而讨厌他的课，并抵触其管理。这就是教育已向细微处发展的一个明证。高雅的审美情趣，能为教师内在美与外在美的相互辉映画龙点睛。

当然，要充分发挥班主任的人格魅力，首先必须要求班主任具备较高的政治素质、公平公正的道德素质、职业素质。另外还要博学多才。在教学与管理实践中，我们常看到那些知识渊博、多才多艺的老师、班主任最受学生欢迎。同时我们又必须看到，学生对班主任老师的要求是越来越高的，这就要求我们教育工作者必须不断地学习，以期不断提高自身的素质。

二、班主任的人格修养和为人师表作用对班集体的促进性影响

大体可以从以下两个方面来看：

第一，班主任的人格魅力和表率作用，将直接影响集体核心力量的形成。

班主任是他所在班集体的主心骨，是雕刻"未来人"的特殊的雕塑家。如果一个班主任人格高尚，处处以身作则，在学生心

目中定会有崇高的威信，他的一言一行自然会成为学生的楷模。班主任充分发挥其人格魅力，严谨的作风、认真的态度、严格的要求、严于律己的精神，不仅给全班同学树立了榜样，而且为班干部作出表率，在班主任的影响和指导下，班集体的核心和威信的形成会更自然更容易，全班同学就会产生一种向心力和凝聚力，并且会使全班学生受益终生。

第二，班主任的人格魅力和为人师表的作用，也很大程度上影响着班级正确舆论和良好纪律的形成。

当今社会里，正确舆论导向的作用越来越显著。一个班级当然要有正确的舆论导向，要达到这一点，首要的就是让学生形成正确的是非观，整个社会、家庭也应当营造一个良好的舆论环境，同时在学校也需要班主任的正确引导和培养。车尔尼雪夫斯基曾说，教师把学生造就成一种什么人，自己就应当是这种人。班主任在学生面前应当既严肃又开朗，既庄重又亲切，既热情又理智，爱憎分明，是非明确，疾恶如仇，"庄严自持、内外若一"，这样在班集体中，学生就会懂得什么是正确的舆论，学生会逐步形成哪些应该做、哪些不应该做的是非观。

时代在发展，社会在发展，教育在发展，学校在发展，学生在发展，班级也在发展，作为一个班级的灵魂人物——班主任，无疑也必须求发展，才能胜任越来越重要的角色，这也无疑向班主任提出了更高的要求。班主任在班级管理中，一方面要不断提高自身各方面素质，树立远大的理想和正确的世界观，在较高的境界、层次上严于律己，实事求是，从而使班级的正确舆论和良好纪律瓜熟蒂落、水到渠成；另一方面要注重对教育方法的研究，不断加强理论学习，吸收最新的、最先进的、最科学的东西，研究学生、家长、社会等新情况，具体问题具体分析，在以提高学生素质为前提的条件下，更好地适应新时期班主任更多的要求，不断提高班级管理的水平。

总之，良好的性格修养，渊博的知识积累，高雅的审美情趣，能促进班主任由人格到人格魅力的升华，并形成其独特的个性，从而对学生产生由认同到模仿乃至内化的教育效果。正如俄国教育家乌申斯基说："固然，许多事有赖于学校的一般规章，但是，最重要的东西永远取决于跟学生面对面的教师的个性，教师的个性对年轻心灵的影响所形成的那种力量，是无论靠教科书、靠道德说教、靠奖惩制度都无法取代的。""只有个性才能影响个性的发展和定型，只有性格才能养成性格。"由此可见，不断地自我完善，将是教师终生必修的课程！

第三节　班主任管理能力

任何一位班主任老师，都应该成为一名出色的班级管理能手，带领其班集体不断前进。事实上，并不是每个班主任都能真正地做到这一点，或许他在这方面花了很大力气，但班级管理效果并不明显，原因是大多数班主任都没有注意到管理的能力这个问题。班主任需要有些比非班主任更出色的能力，而这些能力并不神秘，只要注意，每个班主任都可以做到。这些管理能力是：1. 激励的能力；2. 控制情绪的能力；3. 幽默的能力；4. 演讲的能力；5. 倾听的能力。或许这些能力大多数班主任或多或少都总结归纳过，但没有从理论上加以研究，也没有从系统上总结归纳。

一、激励的能力是班主任成功的必备法宝

激励的能力主要包括两部分的内容，即激励他人与自我激励。优秀的班主任不仅要善于激励学生，还要善于自我激励。

要让学生充分发挥自己的才能真正实现自我管理，就要把学生的"管理我"变成"我管理"，实现这种转变的最佳方法就是对学生进行激励。班主任如果用激励的方式而非命令的方式向学生安排工作，那么更能使学生体会到自己工作的成就感。激励的方式并不会使班主任的管理权力被削弱。相反地，班主任会更加容易地安排工作，并能使学生更加愿意服从管理。

在另一个层面上，作为一位班主任老师，每天都会有很多繁杂的事务及大量棘手的事情需要解决，此外，还要考虑学生将来的发展。所以，班主任还必须始终保持良好的心情去面对学生。工作上的压力往往使人感到厌烦，一些不良情绪便会或多或少地出现，影响正常的工作，而且很容易在繁忙的班级管理中丧失长远目标，只看到眼皮底下的"紧急事情"。一个班主任没有一个长远班级规划，没有对学生未来作充分的规划，对班主任个人管理能力的提高没有很好的帮助，在当代中学，中学生心理日趋成熟，学生渴求的是得到理解和尊重。从应用层面而言，教师的个人行为得到学生肯定后，往往表现出来的就是班主任个人人格魅

班主任个人威信的确立

力的升华。在这种氛围下，无论对学生还是班主任，都是十分有
益的。

二、控制情绪的能力是班主任成熟的标志

一位合格的班主任老师应该具备很强的情绪控制能力。当一
位班主任表现出来的情绪很糟的时候，少有学生敢跟他交流思想，
因为学生担心班主任的坏情绪会影响到老师对自己的看法或使自
己对学习的热情减弱，这是很自然的想法。一个高层次的班主任
情绪的好坏，甚至可以影响到整个班级的气氛。如果他经常由于
一些事情控制不了自己的情绪，有可能会影响到位整个班集体的
效率。从这个意义上讲，当你成为一位班主任的时候，你的情绪
已经不单单是自己的事情了，它会影响到你以及你的学生。

班主任老师在批评学生的时候，也要记得控制自己的情绪，
尽量避免让学生感到你对他的不满。为了避免在批评学生时情绪
失控，最好在自己心平气和的时候再找他谈话。另外，有些优秀
的班主任善于使用生气来进行学生教育，这种批评方式可能言语
不多，但效果十分明显，特别适用于屡教不改的学生。这种生气
与情绪失控不同，它是有意的，情绪处于可控状态。

三、幽默的能力使班主任从优秀走向卓越

幽默的教师会使学生感到亲切，幽默的班主任老师同样能使
他的学生轻松地体会到学习的愉悦与快乐。

班主任进行班级管理的目的是使班级的学生能够准确、高效

地完成学习任务。轻松的学习气氛有助于达到这种效果，幽默可以使学习气氛变得轻松。在一些令教师尴尬的场合，恰当的幽默也可以使气氛顿时变得轻松起来。班主任可以利用幽默批评学生，这样不会使学生感到难堪。关于这一点，在很多场合和班主任总结中都提到过。但事实上，真正做到这一点的并不多见。像一些较为成功的教育家，如魏书生老师、李镇西老师都是采取一些较为幽默的语言，较成功地做好班级管理工作。特别是现代教育"以人为本"的今天，如何使自己更具亲和力，得到学生的理解和爱戴，是每个班主任所要努力的方向，而且，幽默的能力可以是一个班主任能否成功和卓越的分水岭。

当然，幽默绝不是讽刺，讽刺学生会使学生感到厌恶，甚至产生对抗心理。而且讽刺式的幽默也会让学生感觉你在利用他的弱点或短处，会产生很不好的影响。

四、演讲的能力使班主任立于不败之地

优秀的领导者大都拥有高超的演讲能力，特别是一些著名的政治家，几乎无一例外都是演讲的高手。

演讲的作用在于让学生明白自己的观点，并鼓动学生认同这些观点。从这点出发，任何一名班主任都应该学会利用演讲表达自己。从而使学生在无意之中认同自己，接受自己的观点，从建构主义角度来说，这是学生接受新消息进行加工的过程。而有个性的演讲更会使学生获得信息的层面得到生动的扩充，这往往会收到事半功倍之效。

班主任演讲的对象不一定是很多学生，可能仅仅是自己个别的学生；演讲的场所不一定是在会场上，很可能是在与学生沟通时。演讲的意义并不局限于演讲本身，从广泛的意义来说，他是一个班主任，从某个角度来说，他是一名领导者，演讲当然也成为鼓动学生的手法之一。当然，这里所说的演讲是广义上的演讲，包括一些可以改善口头表达能力、增强自信、提高反应能力的演讲。这些素质会在师主任管理学生时使自己游刃有余。

一般来说，一个教师的演讲能力一定程度上与他的演讲次数成正比，与其他因素关系不大。这也就是说，即便一个口才很笨拙的教师，只要不断地去演讲，也会成为演讲高手。培养自己演讲能力的唯一可行办法就是去演讲，如果你比较胆怯，可以在学生少的场合演讲。实际上，演讲最难的就是第一次，只要克服了心理障碍，演讲并没有什么难度。

五、倾听的能力永远是赢得学生尊敬的砝码

很多班主任老师都有类似的经验，一位认为自己受到了不公平待遇而愤愤不平的学生找你评理，你只需认真地听他倾诉，当他倾诉完时，心情就会平静许多，甚至不需你作出什么决定来解决此事。

以上是倾听的多种好处之一，善于倾听还有其他的好处：1. 让其他学生感觉你很和蔼；2. 你会了解更多的事情。每个学生都认为自己的声音是最重要的、最动听的，并且每个学生都有迫不及待想表达的愿望。在这种情况下，友善的倾听者自然成为最受

欢迎的。如果班主任能够成为学生的倾听者，他就能满足每一位学生的需要。从心理学的角度来说，这使学生某一方面感情得到释放，往往可以使隐藏在深层次的问题容易暴露出来，可以使班主任工作于前，防患于未然，从而得到更好的管理效果。所以，从操作层面来说，班主任往往是单独和学生交流，鼓励学生大胆发表自己的看法，并用积极的手法对学生进行引导，从而使班内隐性的问题得到暴露，从而达到"不管而治"之效。

如果作为一个班主任没有这方面的能力，就应该立即去培养。这是当一名受学生欢迎的班主任所必备的条件之一，培养的方法很简单，只要牢记一条：在学生停止诉说前，决不开口。

当然，班主任老师的工作纷繁复杂、千头万绪，如何从繁琐的工作中跳出或是在繁琐的工作中获得管理灵感，这和班主任工作的能力有很大的关系。我们所谈的这点能力正是从这个角度出发论述的。教育信息化的今天，这五种能力对于班主任，特别是年轻班主任，是十分有用的。也是当代成功班主任所必需的能力。

第三章　班主任如何开展心理教育

第一节　班主任应成为心理医生

一个班级是由几十名个性不同、性格各异的学生构成的。班主任必须兼顾不同层次、不同个性学生的思想教育工作，而学生心理状态的表现形式多种多样，因此班主任应首先成为一名心理医生。

一、认知心理障碍

我们说，认知心理障碍就是表现在学习过程中的各种心理障碍的统称。认知心理障碍从轻至重大体包括从众心理、应付心理、厌倦心理、逆反心理、恐惧心理等。这些心理障碍直接影响学生学业成绩的提高，应及时加以排除。现逐一加以分析：

（一）从众心理

学习上随大流，不上不下；态度上不主动，不刻苦不努力。原因在于学习目的不明确，缺乏信念与理想，控制不住玩耍的念头。此种障碍虽轻，数量却大，如不加控制，会形成拉帮结伙一起玩耍的状况。为此，在每学期伊始，班主任要与班里几个平时玩欲强的学生，进行个别谈心，主要通过肯定学生的优点、长处，来激发其进取心引导他们树立正确的人生理想并坚持奋斗，努力向上，而对全班学生则利用班会时间进行普遍教育，使他们有明确的学习目标。

（二）应付心理

课堂上不认真听讲，不爱动脑筋，不积极发言；实验操作不愿动手，能不动就不动；课外作业不认真，得拖且拖，甚至借抄别人作业。这是从众心理的进一步发展，大流随不上了，于是就应付。产生原因与从众心理相同，缺乏目标和理想，解决办法主要是通过与家长密切配合，想方设法激发学生的进取心，使其努力向上。

（三）厌倦心理

课堂上兴趣缺乏，不是倦怠就是走神，要么就是摆弄小东西，甚至和同学说话干扰上课秩序。对课外作业总是拖拉，作业已成为心理负担，翻开作业本就心烦。原因是学习态度不端正，同时对被动接受知识的教学方式不适应。

第三章

班主任如何开展心理教育

应当加强个别教育，并杜绝与学习无关的玩具或课外书籍的来源，实行大家共同监督的方法；在学习上个别指导，使学生觉得学习也不是太难，能自己主动去看书接受新知识，逐步变得能接受所有外来的新知识。在课堂上为学生提供发言的机会，使他们体会成功的感觉。只要多方面为学生创造主动发展机会，也就创造了转化的客观条件。

（四）逆反心理

在家里和父母对着干，在学校不听老师的教导；扰乱课堂纪律，不完成作业，时有逃课现象；对学校倡导的事情往往对着干，甚至不时搞点儿恶作剧或破坏公物。这一严重心理障碍的成因较复杂。主观上学习目的不明确，尚未形成科学的人生观；性格上活泼爱动，甚至不失聪颖和机灵；主观能动性较强，自我表现欲望强烈。客观上有社会阴暗面的影响，有应试教育各种弊端对其精神的压抑，或极强的自尊心遭到伤害，等等。为此，应主动与之谈心交朋友，尊重其人格，发现闪光点，给予信任和激励，用其所长，启迪他，使他自爱自强。同时，改革置学生于被动地位的课堂教学，大力减轻学生的课业负担，为不同层次的学生布置不同的作业，为其特强的主观能动性，多开辟适于其表现的舞台。

（五）恐惧心理

在家里害怕家长检查作业、检查试卷成绩；在学校害怕被老师课堂上提问，怕被老师叫到办公室，怕考试，怕开家长会，甚至怕升学，经常担着一份心。主观原因是性格孤僻、柔弱，极强的自尊因学习成绩差而转化为极深的自卑。客观原因是曾遭受过严厉的批评，或遭受过家长的痛打，而在心理上未能承受。班主任应与家长相约，一齐转变态度，多与学生进行和风细雨的谈心，而不谈学习，尤其不谈学习成绩，使之心理初步放松；在班会上给学生讲明，回家后主动学习，完成作业；而家长会也不是给学生"告状"，使其放心。再进一步启发引导，以提高学生自信心，多与同学交流，共同探讨学习方法，等等。

上面的那些心理问题的产生原因尽管都很复杂，受各种因素的影响，但由于中学生心理的可变性与可塑性、过渡性与动荡性等特点，只要班主任有的放矢地加以正确的引导、扶持、帮助和教育，这些学生的所谓心理问题是能够得以纠正与调整的。

二、开展良好的集体活动

可以这样说，良好的集体活动是富有教育力和感染力的课堂，它能使学生在活动中消除心理障碍，相互沟通，它能使师生在互动中产生潜伏的积极影响，同时它还有利于教师在活动中发现问题，解决问题。

1. 针对部分学生缺乏坚持、意志力不强、对学习存在惰性的现象使他们智力因素受到极大束缚的特点，开展"学习为了什么""磨砺坚强的意志"等主题班会，帮助学生制定了不良学习习惯治疗卡，制定了系列监督机制，并配合"学习竞争伙伴"

"进步之星"，经验交流会等活动，使学生的自信心和积极性得到极大提高，在活动中，非智力因素对智力因素起到动力、定向、引导、维持、调节、控制和强化的作用，一定程度上抑制了学习两极分化的局面。

2. 针对有些学生以自我为中心、自私冷漠等心理特点，开展"我班故事"，让每个学生寻找、发现本班的故事，让学生共同创作班歌，唱班歌，共同参与班级公约的撰写与讨论，让学生与兄弟班开展辩论赛、拔河比赛、篮球赛等，在活动中，学生开始变得热情，开始团结，开始互相关心帮助，整个班集体开始形成较强的凝聚力。

3. 以笔谈为钥匙开启学生的心灵世界。要想了解学生的内心世界，要想进行有效的心理疏导，笔谈比个别面谈更加行之有效（特别对于一部分特殊生而言）。

教师可以在开学时让每个学生准备一个专门的"交心本"，字数、内容都不限制，一周与老师交流一次，刚开始学生并不习惯，东拼西凑或词不达意，渐渐地，学生敢说悄悄话、知心话了，每次与他们的交流都是一种心灵的对话。

此外，在对学生进行心理疏导时，无论是个别面谈还是笔谈，不论哪种形式心理疏导的进行都必须注意几个原则：（1）平等性与民主性原则，师生间平等、民主相处，才可能产生依赖与信任的力量；（2）共情原则，注意倾听，设身处地地去理解学生的各种内心感受，并将其表达出来，与学生产生共鸣；（3）保密性原则，只有在这个前提下，学生才有可能毫无顾忌，畅所欲言。

从总体来看，心理健康教育并不是班主任工作的全部内容，若想对学生进行系统科学的心理健康教育，严格意义上，还必须配合一定的心理健康课程与学校专门的心理咨询措施，但是作为一名班主任，结合心理健康教育来开展工作，又是必要和有效的。当然以上仅是一些粗浅探讨，那么如何在二者间寻找更加有效和完美的切入点，需要我们从事教育工作的全体同仁继续探讨和实践。

三、重视班级建设中的心理作用

任何一位班主任老师都不会放松对班集体的建设，也就是同样要重视班级建设中的心理作用。一个优秀的班集体会促进教学、提高教学质量、有利于教育、提高学生的思想素质、促进学生自我教育自我管理自我。那么怎么营建一个优秀的班集体并不断地加强管理，使它朝着健康的方向发展并最大限度地发挥作用，这对班主任而言是个永久的话题。德育管理心理学认为，学校的班集体是学校组织中最基本的学生集体，是一个社会组织，同时是一个心理集体。集体心理是集体的主要特征，是集体形成的心理基础，在集体中人际影响也起着重要作用。为了加强对班集体的建设和管理分析集体心理和人际影响是十分必要的。

班集体建设过程中的心理作用很重要，重视心理作用主要包括集体需要、集体利益、集体观点、集体情感、集体舆论、集体传统等。因此团结和集体心理气氛是集体心理的综合特征。人际影响是研究人们相互影响的基本心理方式。如社会干扰、模仿、暗示、感染、从众、服从，等等。

四、如何运用集体心理及人际影响作用来管理班级

(一) 培养学生对班集体的向往和热情

一个新组建的班集体是否富有朝气、前景广阔是非常重要的。一个班集体怎样才能焕发朝气，来吸引这些活泼好动、精力旺盛的青少年呢？这需要班主任抓住每次集体活动的机会，让每名学生都融入到活动中。适时适量地组织一些校外活动，效果会更佳。例如：野外郊游，学生离开自己的家庭，离开学校，离开自己熟悉的一切，这时他们都会自觉或不自觉地去依靠或求助于集体的力量，如果集体及时地给予每个人心理上的需求，学生们会亲身体验到一种不同于平时生活经历的新奇感。当然人们在心理上被给予是不够的，只有当不断地给予，不断地被给予时才能产生由内而外的快乐，而这快乐的源泉来自集体，从而在心理上产生对集体的亲近感及依恋。

(二) 形成正确的集体舆论导向，形成积极健康的公众压力

从古至今，人类都有着强烈的从众心理，群体对一个个体的影响要比想象中深远得多。因此树立正确的集体舆论也就是我们平时所说的良好的"班风"非常重要。班主任要重视班干部的挑选与培养，他们是先进集体的核心，时刻不能放松对这些心目中的"好学生"的教育和管理，放任不是信任，它不仅妨害班干部的健康成长，还会分解集体的凝聚力。另外，班主任要经常与学

第三章

班主任如何开展心理教育

生保持亲密关系，与学生一起活动、交谈，从中及时发现问题，防止虚荣心膨胀以及团伙义气等不良现象，还要采取必要的教育方式和方法。有的需要全班讨论，有的需要个别谈话，有的需要家访，有的需要用行为去慢慢地影响，这是一门艺术，也是对学生及家长的人格的尊重，更是班主任对学生爱的表达。这有助于学生在班集体中建立自信、自发进取。班集体形成后班主任就应走向幕后，让学生充分自治，让干部发挥模范作用，使学生自觉提高辨别是非的能力。

（三）培养良性竞争与协同合作的精神

当今社会是一个名副其实的信息社会，"老实、谦虚、忍耐"早已不再是这个时代的宠儿，这个时代需要的是竞争中合作，合作中竞争。一个优秀的班集体应培养每名学生有竞争意识、有合作精神。班集体内部的竞争时时存在，教师要引导学生在积极的舆论和压力下公平竞争。另一方面美国心理学家库克、约翰逊及其同事在1981年专门对班级中的竞争与合作进行了深入的研究，结果说明，从群体动力学角度出发，一个群体成员彼此合作，而与另一群体的成员竞争，可以增进群体中的成员之间的凝聚力。因此应提倡开展群体间的竞争。这有利于增强集体荣誉感。集体的成功进取，能激励个人的竞争意识。可见，集体的影响力要比教师的说教生动得多，见效得多。

（四）引导学生构建良好的人际关系

帮助学生形成良好的友伴关系，是学生集体建设的重要任务。

第三章

班主任如何开展心理教育

48

交往是人的基本心理需求，尤其是青少年。他们的交往动机更为强烈，他们害怕孤独、被排斥，有时会无原则地去迎合别人出现"老好人""哥们义气"等现象导致友伴关系沦为庸俗的人际关系。班主任应正确引导，让学生重视个性因素，在相互交往中互让互谅，努力克服个性中的弱点。对那些交往有困难的、社会经验很少的学生不能忽视，给他们一些机会和职务为班集体服务，促使他们走出自我，与同学、老师多接触，恢复自信。集体内良好的人际关系，是班集体形成和发展的基础。

随着社会的进步，时代的发展，站在班主任老师面前的学生越来越聪明、自主、个性化，加强班集体建设的任务也就越来越艰巨。心理学研究认为，学生班集体是学生在校生活的"儿童社会"，也是学生个人进入社会的通道之一。为了这条通道的通畅，时代要求我们不断学习、不断研究。只有优秀的教师才有可能培养出优秀的班集体。

第二节　班主任工作中的情感效应与心理指导

一、发挥班主任在班级管理中的情感效应

情感，是人们对客观事物与自己思想意识之间的关系所表现出的切身体验，它不仅在人们的心理活动中具有广泛的影响，而

且在人们的认识活动中和实践活动中同样重要。尤其在班主任老师的管理工作过程中，更是具有十分重要的作用。具体讲，情感在班主任管理中的作用主要体现在如下几个方面：

（一）增强角色魅力

教育心理学理论认为，一般情况下，教育效果与教育者的个人威信呈现出较为明显的一致性。因此，班主任在学生中享有较高的威信，是搞好班级工作和教育好学生的前提和保证。班主任要用自己的学识和丰富的人生阅历，做学生成长路上的知心朋友和引路人。班主任不仅要把自己扮成严师的角色，而且还要扮演好管如严父、爱如慈母、亲如朋友的三重角色，做到以心换心、以诚对诚，学生的崇敬之情便会油然而生。

（二）增加教育的可信度

面对不听话、不服教育教导的学生，班主任要用真挚的情感去弥补学生心灵上的创伤，深入了解学生，从关心学生成长入手，教育学生时动之以情，晓之以理，导之以行。这样，在融洽的师生情感中，学生自然会把班主任的批评看作是对自己的爱护，把班主任的表扬看作是对自己的鼓励，从而引起情感的共鸣，自觉把道德要求和行为规范转化为自己的心理定势和良好的习惯，收到"亲其师，信其道"的效果。

（三）形成凝聚力和向心力

每一个班集体都是由几十名不同的学生组成的，他们的气质、意志、情绪、兴趣和爱好都不尽相同。如果每个人都我行我素、各行其事，班集体岂不成了一盘散沙？

如果真的遇到那样比较糟糕的班级怎么办？其实很简单，班主任只要用真诚的情感去热爱学生、关心学生、爱护学生，富于同情心，就会受到学生的爱戴，就能沟通师生之间的心灵，学生就会亲近班主任，从而在师生之间架起一座信任的桥梁，学生把班主任当作可以依赖的人。这样，学生也乐意和班主任推心置腹地谈思想、学习、生活，心就会往一块儿想，劲就会往一处使，形成一个有凝聚力和向心力的班集体。

（四）提高教育工作的有效性

如果班主任老师在教育学生的时候，只是晓之以理，却不能动之以情，单纯地干巴巴地说教，枯燥乏味，学生听起来昏昏欲睡，毫无兴趣，甚至反感。这样的教育方法不可能获得理想的教育效果。那么，怎样才能取得好的教育效果呢？

心理学相关研究认为，情感在教育学生的过程中具有很强的感染作用。因此，班主任在教育学生的过程中，可以有意识地运用情感的感染作用提高教育工作的有效性。如在困难和挫折面前，学生的情绪往往是被动的、不稳定的，这时班主任表现出冷静沉着、坚定自信，就能稳定学生的情绪，并能给学生以极大的鼓舞力量。可以看到，班主任情感的感染力多么重要。

（五）激励差生不断向好的方向转化

一个班级的学生不可能都是那么优秀，总是会有所差别。任何一个班集体都或多或少存在着差生。转化差生工作是一项复杂、细致的思想教育工作。要教育和转化差生，消除他们的心理障碍，必须用真挚的情感，从尊重其自尊心入手，以唤起他们对所犯错误的自责和悔恨，使他们从痛苦、自卑中解脱出来，激发其要求上进的动力，增强他们的自信心；使他们把好的品德、好的行为、好的学习成绩保持下去，不断向更好的方向转化。

总之，班主任在进行班级管理工作的过程中，要注意分析和研究学生的思想和情绪，坚持以情动人，以理服人。

二、班级管理中的心理指导与调节

班级是开展教育教学活动、教师向学生传授科学文化知识的基本单位，班主任通过组织和领导班集体实施对全班学生的教育工作。加强班级管理，则是班主任工作中一个重要的有机组成部分，它对于形成具有崇高的统一目标、坚强的领导核心、正确的集体舆论、自觉的纪律和优秀的传统的集体，对于培养有理想、有道德、有文化、有纪律的社会主义接班人都有着重要的意义。在班级管理过程中，若能有效地利用人、财、物、事件、信息等管理要素，加强班主任对学生正确的心理指导和情感沟通，就能协调步伐，从而和谐、愉快地共同创造一个有凝聚力、有朝气、有活力的班集体，实现班级管理的高效率。

（一）加强心理沟通，使管理目标取得学生心理上的认同

在班级管理过程中，经常会出现这样的情况：学校和教师对

班主任如何开展心理教育

班级提出的要求与学生心理以及实际情况有差距，班主任要从全局出发，及时沟通，纠正学生心理上的偏差，使学生的心理与群体目标保持一致。如学生对学校分配的任课教师有看法，班主任就要及时协调、沟通。学校安排一位老教师来教某班的语文课，一段时间后，学生纷纷反映该老师上课节奏慢、音调低、不善于课堂管理等，要求学校撤换掉并换其他教师来任教。班主任了解到一方面学生反映的情况基本属实但过于偏激，另一方面现实情况是学校不可能就此撤换一位勤恳工作多年的老教师。班主任当机立断决定对学生进行心理上的沟通和协调，一方面对学生的要求表示理解，另一方面向学生介绍该教师的光辉历程及教学长处，提到该教师有多篇论文、论著在国家级杂志上发表，特别提到该教师曾为名曲《二泉映月》填词并在全国范围内播放，学生听了渐生对该老师的崇敬之心，仰慕之意。加之该老师主动找学生谈心，慢慢地老师与学生的关系接近了，感情加深了，学生在课堂上与老师的配合也默契了。由此可见加强心理沟通以求得学生的心理认同，协调师生关系，从而可以达到培养健康、和谐的班集体心理氛围的目的，使每个成员都有生活在集体中的满足感和责任感。

（二）注意心理换位，巧妙化解师生之间、同学之间的矛盾

青少年学生在人际交往过程中经常会有这样一种心理特征：他们一方面渴望得到别人的理解，但同时又很少主动地去理解别人，在对待老师方面，这一心理特征表现得尤为突出。作为班主任，平时就应该指导学生学会理解他人，而在处理师生关

系问题上，则应该学会理解老师，其具体的做法是"心理换位"，把自己当作老师，学着用老师的观点去分析看待问题，从老师的工作性质、工作目标出发，来理解老师这样做的理由，这样，许多矛盾便会化解、消散了。在班级生活中，同学间出现分歧或矛盾，在所难免。班主任要做耐心的心理疏导，一方面要让学生懂得，人生在世，各种矛盾冲突也是难免的，涉及原则性的矛盾冲突，当然应该争出个是非来。在非原则性的矛盾冲突发生后，即便是自己有理，也不能得理不饶人，如果因为自己有理就去"据理力争"，不愿退让，其结果必然是让对方，更让周围其他人难以接受，解决矛盾冲突的过程应本着"有理也要有礼"的原则；若是在矛盾冲突中自己是无理的一方，那更应该主动认错，多赔不是。另一方面要引导双方心理换位，设身处地地进行体验和思考，这样有助于理解对方，减少误会。这样，学生就会认识到自身的欠缺，主动与他人协作，在更高层次上恢复心理平衡。

（三）从学生个性特点出发，注意个性的相似和相容

人的个性很大程度上影响着人际关系和心理的发展。学生在态度、价值观、信念，或身份、文化程度、社会背景方面相似程度高，彼此间就容易接近，容易形成良好的人际关系；而相似程度低，则容易疏远，或形成否定的人际关系。作为班主任，应特别重视那些因在消极的因素上有其相近性而形成的学生群体，因为这种群体有可能产生偏离集体的倾向，我们应当通过开展丰富多彩、健康有益的班级活动来转移他们的兴趣，

改变他们的价值观，并通过有重点地做好部分学生认识转变工作来降低这种群体的相似性，使他们能更好地融入整个班集体中。一般，对个性不同的人，可以利用个人需要上的互补性来调节心理上的相容或人际关系的倾向性。如教室座位安排，班主任在了解学生个性的基础上，把主动与他人来往和期待他人接纳自己的人组合在一起，把对他人表示亲热与期待他人对自己表示亲热的人组合在一起，把喜欢支配他人、帮助别人的人与期待人引导帮助的人组合在一起，相互有满足趋向，能相处融洽。这种互补性的心理调适，有利于学生的竞争与合作，稳定班级群体的乐观情绪，实现人际关系的和谐和默契，使班集体充满生机和活力。

（四）教会学生心理相容

教学生学会心理相容，也就是要求班主任老师在具体的管理过程中要促进老师间、同学间心理上相互认同，情感融洽，相互理解，相互信任，受教育者只有在心理上承认、赞同、愿意接受，才能对教育内容认同、相信、信服。中学班集体是为了实现中学教育目标而组织起来的有纪律又有凝聚力的一个中学生群体。一个良好的班集体会有利于促进班级成员德、智、体的良好发展。同学之间，师生之间，常易产生误解，因误解而心生芥蒂，因误解而离心离德，如果一个班集体人心涣散，那么教化功能便无从谈起。只有班级成员之间相互信任、相互理解、相互支持，整个班级才是一个和谐的班集体。良好的班风有利于学生达到学习上的满足，如学懂、会用；达到情感上的满足，如幸福、快乐；达到道德上自我实现的满足，如认可、获得成功等。在这样的一个班集体里，学生之间能够相互合作，相互关心。富有同情心、和谐、积极向上的班集体，不仅有利于班主任的班级管理，从长远来看，更有利于学生日后的健康发展。

总之，班主任老师在班级管理过程中要努力做好学生的心理指导和调节工作，这样不但能激发学生的自我意识和主体意识，而且可激发出每个学生为集体做贡献的潜能，使班级进入高层次的管理。

三、以感情赢得感情，以心灵感受心灵

我国著名的教育家陶行知先生说过："真的教育是心心相印的活动，唯独从心里发出来的，才能打到心的深处。"从陶行知先生的话当中，我们不难领会，离开了情感，一切教育都无从谈起。怎样才能使教育的过程成为师生情理互动的愉快过程，进而收到良好的育人效果呢？尊重学生，这是教育成功的一把钥匙。自尊心人皆有之，渴望得到尊重是人们的内在要求。尊重学生，不仅是教师应具备的职业道德，而且是保证良好的教育效果的前提。

尊重学生，就要了解学生。就青少年学生来说，他们世界观初步形成，自我意识接近成熟，独立性和自觉性已达到较高水平。尤其是改革开放以来，思想的解放、市场经济的发展、竞争意识的增强，无不对学生产生深刻影响。进入高中后，学习生活已不同于初中时期，知识的丰富、视野的拓宽，使他们显得更"成

第三章

班主任如何开展心理教育

"熟"，自我意识、独立意识更强。这个时期尤其渴望得到别人特别是老师的理解和尊重。教育活动是双向的。教师尊重学生，才能赢得学生的尊敬；学生尊重老师，老师的教育活动才会卓有成效。

尊重学生，要尊重学生人格。教师对学生有管理教育的权利，有按照社会主义教育目的塑造学生的权利，但在人格上与学生是平等的。教师不应自视比学生"高一等"，总是在学生面前表现出"高深莫测"、"凛然不可侵犯"的派头，体验所谓"尊严"。教师对学生不应是居高临下的"平易近人"，而应是发自肺腑的对朋友的爱。这种爱的表达既是无微不至，又是不由自主的。

青少年学生往往把感情看得很重，不管有意无意，一旦伤了感情，就会刺伤他们还很脆弱的心。学生特别喜欢尊重他们感情的老师。青少年学生的感情是纯洁的，不能任意践踏。如果教师都能够尊重他们的感情，同时用恰当的语言给予正确的引导，是能够收到好的教育效果的。反之，如果由于不尊重学生的感情而伤了学生的心，那是很难补救的，很可能还会适得其反。

尊重学生，要尊重学生的独立意识。学生需要教师的教诲、关心和爱护，同样需要教师对他们独立意识的尊重。因此，教师要有意识地保护他们的独立意识，培养他们独立生活的能力。

第三章

班主任如何开展心理教育

第三节　班主任与学生谈话的技巧

一、班主任教师与学生谈话要注意谈话技巧

要注意谈话技巧，就是要讲究谈话的艺术性，使其成为学生前进道路上欢快的乐声、误入禁区的哨声、驱除苦闷的良药。

1. 班主任教师与学生谈话要友好和蔼，亲切平等。这样，学生才更容易接受，也才敢讲真话，才会真正向教师敞开心扉。

2. 教师与学生进行的谈话适宜采用讨论式。在学习和集体生活中，学生常常会碰到一些难题，当学生同教师讨论某些问题时，双方的意见可能会有分歧。遇到这种情况，教师宜和学生进行讨论，层层剖析，引导学生正确理解，帮助学生逐步提高分析、判断、辨别的能力，切忌生硬训诫，这会让学生充耳不闻，口服心不服，使学生感到迷茫。

3. 在与学生交谈时教师应适当变换角色，做他们的知心朋友。当教师想进一步了解学生的学习、家庭情况时，不妨试着变换一下角色，做一个大孩子，从学生的某一爱好或喜欢的亲朋好友谈起，或利用课外活动时间和他们共同打乒乓球、踢毽子、做游戏，在大家心情愉悦、感情融洽的氛围中引入话题。当学生觉得教师是那么随和可亲，跟自己很合得来时，就会滔滔不绝地向

教师述说，让教师了解他们的一切。此时，教师跟学生的感情也就更加亲近了。

4. 谈话应当以夸奖鼓励为主。青少年学生思考问题、处理问题往往凭一时冲动，不太理智，这会造成学生在心理上的挫折感，影响了积极性、主动性。班主任就要善于做"催化剂"，多鼓励学生，给学生以充分的信心和勇气，帮助学生扬起远航的风帆，推动他勇敢地乘风破浪。学生处于失意、气馁、苦恼、不思进取的时候，都应该是班主任主动出击，为学生添加动力的时候。作为教师，往往对学生寄予厚望，希望愈深，对学生的短处就"恨"之愈切。这样难免就会高谈阔论，用大话说教，处处加以批评指责。可是，学生并没有听进去，反而带着很大的抵触情绪，或者当作耳边风，更严重的还可能产生报复情绪。其实，每一位学生都有自己的长处，做教师的要善于发现并及时鼓励。夸奖和鼓励是对学生的信赖，它能帮助学生克服缺点，注入信心和力量，帮助学生扬长避短，不断地进步和完善。

5. 找学生谈话时要尽量多一点儿幽默感。一个班集体中的学生性格各异，有的学生性格内向、不善交谈，遇到困难和挫折就大哭鼻子，或者乱发脾气，这时，教师千万不要厌烦，不要大声责骂学生，甚至发火，倾盆大雨般地批评学生，使学生如履薄冰，更加自卑。此时，教师应根据学生的神态和动作，设计几个玩笑，引他破涕为笑，缓和一下气氛，再因势利导地交谈，这样，教育效果可能更好。

6. 与学生谈话的时候可以适当做一些自我批评，助以适当的爱抚动作。当教师跟学生在某件事上关系比较紧张时，做教师的不能一味以师长的面孔自居，而应该把自己放在和学生平等的地位上，说说自己应该负哪些责任，哪些地方没有帮助、关心到学生，哪些地方对学生的态度不够正确等，这样，学生会自觉查找自己的责任，会学着理解和体谅老师。

7. 如果学生在交谈中说出了内心的小秘密，老师要绝对保密，切忌外泄。有的学生做错了事，老师给气昏了头。这时，老师务必要先弄清事情的原委，千万不要高声叫喊："请家长来，告诉你家长！"相反，教师既要帮助孩子认识错误，辨明是非，又要为学生保密，不让学生面子扫地，背上思想包袱。

8. 教师找学生谈话的时候，要尽量积极引导学生感受美的生活，用积极乐观的态度对待生活。目前校园生活中也会有各种社会现象的折射，他们常常会碰到一些烦心的事情。当学生愿意跟你探讨这些问题时，教师千万不要教他们避开烦恼，消极处世，而要引导学生正视现实，分析事物，积极地处理矛盾，并帮助学生激起他们热爱生活的情感，去创造更美好的明天。

二、班主任与学生交流应尽量避免的谈话方式

（一）挖苦式谈话

和小学生相比，中学生在思维、情感、价值观等方面都有了很大的发展，希望得到他人尊重、理解和帮助的愿望非常强烈。班主任若随意地对学生进行挖苦，如"你是不是智商有问题？""知道狗熊的奶奶是怎么死的吗？是笨死的！"，等等，则只能严

重地伤害学生的自尊心，极有可能使强烈的自尊心转化为消极的自卑心理与逆反心理，造成学生对班主任的心理防御，恶化师生关系。

（二）比较式谈话

俗话说人比人，气死人。每个人都是独一无二的个体，不要什么都和别人比较。然而有的班主任却喜欢说：你看看某某同学，学习成绩那么好，再看看你的成绩，总是拖班级后腿。这种谈话的目的当然是警醒学生，激励学生积极进取，获得好成绩。然而，这种比较式谈话如果运用得过多、过滥，很容易使效果走向反面。或许有学生会这样反驳班主任：他除了学习好，什么都不好，我除了学习不好，哪样都比他强。对于学生的这种"以其人之道，还治其人之身"的做法，不少班主任又往往简单地以"学习成绩才是第一位"的理由封住学生之口，因此取得的效果就不理想。

（三）轻蔑式谈话

一般来说，不论出现什么样的状况，学生总都希望班主任老师能够给予自己足够的重视和关心。而有的班主任对待一些学生，尤其是后进生，往往采取蔑视的态度，待理不理，使学生产生巨大的心理压力，进而惧怕与班主任交流，从而不利于问题的解决。

（四）命令式谈话

不少班主任爱班级爱学生之情学生都有目共睹，也能理解；然而就是说话不得法，喜欢运用命令式的口气要求学生必须怎么样，不能怎么样，造成很多轻松、愉快的教育教学行为变成沉重、苦恼的行政性命令，压抑了学生的积极性，制造了沉闷的班级气氛，给学生的心理造成了很大的压力。

三、多给学生激励

班主任找学生谈话的根本目的是要通过交流沟通激励学生的学习热情，除了以上介绍的几种谈话方式，还有以下几种可以用于学生身上的激励办法。

（一）信任激励

所谓信任激励就是相信学生，相信学生有能力。也就是在学生对学习没有信心甚至产生自卑心理的时候，教师要相信学生存在智能优势，只要这种优势得到发挥，每个学生都能学得好，只要方法得当，就没有跟不上的学生。在每位学生身上，教师都要看到他们的长处，找出他们行为中的闪光点，哪怕是细微的优点。比如说，问题回答错了，教师先表扬他不怕错的精神，再对他说，下次还请你回答，老师相信你能成功。在下次之前，教师为他创造成功的条件，那么，相信他的下次总会有进步的。

著名的罗森塔尔效应告诉我们，学生能否持之以恒地学习与教师的信任程度有密切的关系。当学生站起来不能流利地回答问题的时候，教师投去一个期待的目光，说一句信任的话语，帮助他成功一次，那么，他在课堂上发言的水平会更高，学习能力会更强。因此教师在课堂上要多给学生送去一些信任，在每位学生的心底种下一颗自信的种子，促使他们在课堂上最大限度地发挥积极性和主动性，达到提高课堂教学效率的目的。

（二）尊重激励

心理学家威廉·杰姆士说：在人的所有情绪中，最强烈的莫过于渴望被人重视。每一个学生都有强烈的自尊心，他们都希望得到教师的重视和尊重。因此，教师要尊重学生的人格，在课堂中的任何情况下都应该以同志、朋友和共同学习者的身份与学生相处，用真情实意尊重学生，创设一个融洽、和睦、协调的课堂气氛，让学生在轻松愉快的情境中获得知识，提高能力，陶冶情操。学生知识的不足、阅历的肤浅常常导致他们行为的盲目，产生出格的行为。对此，教师不要只想到维护自己的尊严，对学生批评训斥，造成课堂气氛紧张而降低教学效率。有关实验表明，年级越高、年龄越大，受到批评训斥后，学习效果就越差，甚至产生逆反心理。有经验、有成就的教师会在课堂上始终表现出对学生的尊重，让学生回答问题时总是说：×××，这个问题请你回答。回答结束后，再说一声"请坐下"。一个"请"字，就能"请"出学生的积极性，为课堂教学"请"出效率来。

（三）帮助激励

所谓帮助激励就是指学生遇到困难的时候教师要进行帮助和激励。也就是说学生在课堂学习过程中遇到困难，缺乏勇气，找不到良策时，教师既要帮助他们树立信心，又要帮助他们找到克服困难的途径，创设克服困难的条件，掌握学习方法，逾越学习障碍，完成学习任务，增加他们在课堂上的获得量。学生在课堂上出现迷惑状况、遇到困难、思维阻塞是正常现象，教师在学生出现这些现象时，不及时地予以帮助，那学生的困难就会越来越大，欠的债就会越来越多，形成恶性循环，课堂教学效率只可能是每况愈下。

（四）赏识激励

每个人都需要赏识，同样作为课堂活动主体的学生也不例外，因此教师尤其是班主任老师要多多进行赏识激励。学生常常把教师的赏识看成是对自己的评价，当他们得到赏识时，就觉得自己有进步，能学好，有发展前途，以为自己在教师心目中是好学生，因而产生自身增值感，增强学习的内部动力。诺贝尔化学奖获得者瓦拉赫，在被多数教师判为不可造就之才以后，另一位教师从他的笨拙之中找到了他办事认真谨慎的性格特征并予以赞赏，让瓦拉赫学化学，终于使他成了前程远大的高才生，获得了诺贝尔化学奖。这就是瓦拉赫效应，它启示我们教师要在学生的课堂行为表现中多发现可以肯定的东西，对学生的答案或方法，正确的加以赞赏，这是锦上添花；错误的也可以从思维方式、答题方式或态度上加以肯定，这是雪中送炭。至于答错的内容，教师可以用多种手段让其自己认识并纠正，只要纠正对了就要赞赏，让他看到自己的成绩，以利再学。学生答题正确了，教师可用很好、居然和我的看法一样、你的答案比我的更好等语言予以赞赏。

第四节 班主任如何疏导逆反心理

一、正确认识逆反心理

（一）超限逆反

超限逆反是一种心理反应，具体是指个体在接受某种过度刺激后作出逃避的正常反应。这是人类出于自身本能的自我保护性的一种心理反应。其实这也是一个十分容易理解的生活常识。我们任何人接受某种刺激都是有一定限度的，对于那些不利的刺激我们接受的限度当然是显而易见的，而对于那些能够满足我们某种需要的刺激，我们接受起来也是有一定限度的。例如，你很喜欢吃饺子，但是如果一个星期每天三顿都让你吃饺子，你一定会产生反感，也就不会再有享受美味佳肴的愉悦了。这就是说，即使是有利于满足我们某种需要的刺激，如果超过了一定限度，也会给人带来伤害，会使人在心理上产生根本性的逆转，由原来的赞成、接受、欣赏转为反对、拒绝、逃避的态度和行为。

在班级的教育教学活动以及班务管理过程中，特别是量化管理的制约下，为了班集体尽快达标，有的班主任就经常不断地强调着每一条规范要求，有时在整个一节班会课上，学生的耳朵里灌入的都是这种机械的重复语言。所以，有些老师的嘱咐早已被学生评价为"唠唠叨叨"，甚至对老师讲话的语言顺序都已经十分熟悉，几乎在老师的第一句话说出以后就能准确预知第十句话的内容了。可想而知，在这种情形下，即使你讲的话都是真理也已经毫无作用了，只是强化了学生的超限逆反心理。当然有许多必要的规范需要不断提醒学生遵守并促使他们尽快形成良好的行为习惯，但是班主任老师也应该努力提高自己的教育艺术、策略意识——同一个道理可用不同的方式表达。比如：导演小品、歌曲比赛、学习格言、诗歌朗诵、演绎生活、塑造人格的有效手段和途径，为什么非要迷恋于自己枯燥无味的说教呢？更何况这种超限逆反心理容易动摇教师在学生心目中的权威形象，因为教育方式的单调乏味恰恰说明了我们育人智慧的匮乏。

在班级的教育教学活动以及班务管理过程中，注重教育的活动性是防止学生超限逆反的一个重要原则。个性是在活动中形成的，只有在各种活动中才能更准确地了解学生的个性品质，也只有在各种活动中才能改善和发展学生的个性品质。健康丰富的活动可以调动学生的主体参与意识，可以培养学生健康高尚的审美情趣，可以引导他们塑造自己美好的心灵，建造班集体良好的学习环境。当然，必要的说教和灌输是绝对不可偏废的，我们所需要的只是把说教和组织各种活动紧密地结合起来。

（二）禁果逆反

禁果逆反也是一种常见的逆反心理反应，具体是指由理由不充足、不正当的单纯而武断的禁止而激发人们更强烈的探究愿望的一种心理反应。在我们的班级管理中，有些班主任老师在提出一连串严格"禁止"的时候却往往疏于必要的解释说明和富于启迪性的教育疏导，所以这些简单生硬的"不许""不准"就像一道道的紧箍咒，必然会激起学生们"天然"的反抗。

不可否认，制定禁止性规范并督促学生遵守执行是我们进行教育和管理的重要手段之一，然而如果只是一味地使用或依赖禁止性规范，那么无论对于哪一个学段的学生都很难收到预期的教育效果。当代的学生是在信息时代成长起来的一代青少年，他们在世界信息迅速传播的社会文化环境里，从很小的年龄开始就和自己的父母同时成为各种画面、音响的受体，在同一种文化氛围中接受各种现代知识和价值观念的影响。所以他们对于许多问题都有自己一定的见解，而且有些见解也都有一定的道理，在这种情况下我们对于学生的禁止性要求如果没有说明或者说不出充分的理由，那么学生也就没有充分的理由服从你的禁止性要求，而且会根据自己对事情的认识理解提出拒绝服从要求的理由并表现出相反方向的行为。这就是为什么在管理教育中常常出现"你要他向东，他偏要向西"的心理原因。

学校里部分老师有时也明明知道自己的做法可能会伤害学生的自尊心，但是又经常以"恨铁不成钢""我是为你好"的动机来自慰。殊不知，这种不顾学生心理特点和情感需要，企图以简单生硬的"情感刺激"来迫使学生就范的办法常常会适得其反，因为尊重、保护和发展学生的自尊心是改变学生认知和发展他们健康情感的首要前提。学生不是没有情感的知识机器，我们绝不可能只靠简单的命令来要求他们，特别是只靠一条条冰冷的禁止

第三章

班主任如何开展心理教育

规范使他们不断"生产"出良好的品德和优秀的学习成绩。

要充分了解学生的心理特点、年龄特点，并依据其特点，运用科学民主的方法建造一座师生沟通的心灵之桥，防止学生的逆反心理，乃是做好班级管理教育工作的一个不可忽视的重要途径。

二、如何疏导学生的逆反心理

从本质上来说，逆反心理就是在一定的外界因素作用下，对某类事物产生反感情绪，故意作出与该事件发展的常理背道而驰的举动的一种心理状态。青少年中的确存在这样一些学生，他们对老师或父母的教育常会表现为很不服从，告诉他们不能怎么做，他们偏要那么做，甚至公开顶撞。这就是逆反心理的表现。

针对青少年学生逆反心理的不同成因，教师在教育过程中应注意以下几个方面的问题：

确立符合青少年实际情况的教育目标和要求。过高的教育教学目标，过重的学习负担，是学生产生逆反心理的重要原因之一。在对学生进行品德行为指导时，要认真分析学生的思想状况和心理要求，准确把握学生品德发展阶段和水平，在教育策略上要循序渐进，切忌急躁冒进，尽可能避免师生对抗情绪的产生。

为青少年创造良好的教育情境。一是创造良好的班集体，充分发挥集体规范和正确舆论的教育作用，培养健康向上的班风学风。二是积极推进班级管理和教育方式的民主化，充分发挥学生自主管理的积极性。三是针对青少年特点，开展丰富多彩的教育活动，让学生在集体活动中展示才华，修正品德，形成良好的心理素质。

提高教师自身素养和教育艺术水平。青少年学生逆反心理的形成，很多都与教师的教育方法不当有关。为此，教育者首先要着力于提高自身素养，包括心理素质、教育教学业务能力和职业道德水平等。教师要具备良好的教育心态，要把关心、尊重、爱护学生放在首位，把学生置于与自己平等的地位。在学生出现过激行为时，教师要学会制怒，善于运用教育机智和教育策略，巧妙化解师生冲突。

巧妙利用学生逆反心理的正向效应。教师要大胆利用青少年学生逆反心理的积极因素，培养其创新意识和能力。在向学生进行思想教育时，教师切忌偏颇，讲道理既要讲有利或好的一面，也要讲有害或坏的一面，引导学生进行逆向思维。在学科教学中，教师应充分发挥青少年学生逆向思维的特点，鼓励学生提出不同见解和解决问题的方案。

特别注意加强对有负向逆反心理的学生的疏导工作。对学生中已经或即将发生的负向逆反心理，教师切不可采用压制和使强制服从的办法，要认真做好疏导工作。学生产生负向逆反心理，内在的原因是他们缺乏社会经验和识别是非、善恶的能力，看问题容易简单片面，但他们思想开放，单纯耿直，敢想敢说，只要道理明白了，转变态度也就指日可待。对这类学生的疏导重在讲明道理，消除错误的认知因素；其次，要把握和捕捉有利的教育时机，打动学生的情感，引起情感共鸣；再次，要因势利导，循循善诱，利用学生乐于接受的方式方法和教育媒介，提高疏导工作成效。

三、要切实杜绝"心罚"学生

以往人们对于"健康"这一概念的理解，大多存在着很大的片面性和表面性，单纯地认为没有躯体上的疾病，即是健康。其实健康应该是指人的个体身体、精神和社会适应能力处于良好状态。同样，人们对"体罚"的认识也仅理解为对躯体的伤害。一般学校领导只对所发现的对学生躯体的损害，给予极大的关注。而对个别老师对学生"心理"上的伤害却没有足够地重视，不会去处分哪一位实际是使用"心罚"的教师。

其实从科学的角度说，"心罚"在某种意义上说远远超过对学生躯体上的伤害。人们常说："外伤是能医治的，而心灵上的创伤是难以愈合的。"教育实践和现实生活中的许多事例足以证明，如有某个学生与同桌发生争执，为出气，就把同桌的课本撕坏了。事后课本被撕的那位学生向老师告状，老师听后十分气愤，于是，信口开河地训斥撕书的学生："你这样做是道德败坏，是流氓行为……"撕书的学生听了班主任老师的训斥，不但不知自己错在哪儿，反而还感到很委屈，觉得老师偏听偏信，而且对自己已完全失去信任，最后就破罐破摔，偷偷地把其他同学的书也撕了。学校有关部门调查此事经过时，撕书的学生说："老师说我流氓，我就流氓吧！"由此可见，这位班主任处理问题的轻率，严重伤害了这位学生的自尊心，使这位学生感到前途渺茫，失去了进步的信心，反而把这位学生推到了班集体的对立面去了。相反地，有经验的班主任对待犯了错误的学生，从不高声训斥，而

班主任如何开展心理教育

是循循善诱，耐心地帮助学生自己认识错误，端正思想态度，进而改正错误。

总之，学生们有很强的自尊心，若轻易地伤害了他们，后果将是十分严重的。学生可以怕你，但并不尊敬你、信任你，当着面一套，背着面又一套，那就是我们教育上的失败、班主任工作的悲哀了。每位教育工作者都应该清楚地认识到，"心罚"常常会在学生心灵上留下深刻的痛苦伤痕，使他丧失前进的勇气和热情，甚至会形成可怕的变态心理，因而葬送掉一些未来的人才，严格来说，这是一种潜在的犯罪行为！

大家都知道，严重的体罚会使人致残甚至死亡。但是，我们大家更应该知道，"心罚"也绝对不仅仅是使人得"精神营养不良症"，严重的同样也会使学生的身心受到伤害，心灵遭到扭曲。受到"心罚"的学生，都不同程度地感到集体对他们的否定，于是他们产生消极的情绪，变得抑郁、厌世，等等。在你要对学生施行"心罚"时，不妨想一想陶行知的告诫吧："你的教鞭下有瓦特，你的冷眼里有牛顿，你的讥笑中有爱迪生。"

从青少年的心理特点来看，他们的行为在很大程度上都是以他们的感情和情绪为转移的，他们常常表现出不是用理智去支配感情，而是用感情支配理智。为此，班主任在开展对青少年学生思想教育工作时，应该注意处理师生之间的关系，增强相互的理解、信任，以利于学生思想工作的顺利开展。徐特立也曾告诫我们："对犯错误者……给他们以好的环境包围起来，暗示他们以很好的前途，使他们用自信和自尊去克服他们的坏处，这是最好的训育典型。"所以，我们班主任在日常的教育工作中，应该与

第三章

班主任如何开展心理教育

学生平等对话，将心比心，动之以情，晓之以理，用自己的爱心来换取学生的真心，用希望、激励等科学教育方法，拨动学生的心弦，激发学生上进的信心，切忌冷漠、讽刺、挖苦等，变"心罚"为"心爱"，以促进青少年学生身心的健康发展。

总之，我们在教育工作实践中，在做学生的思想工作时，不但要杜绝体罚，还要切忌"心罚"，应该尽量保护他们心灵中最敏感的一个角落——人的自尊心。

四、必要、适当的心理震慑

在一些特殊的情况下，当对方执迷不悟、一意孤行、胡搅蛮缠、大吵大闹的时候，正确地采取某种强硬措施，适当地发挥心理震慑的作用，就会为顺利地进行品德教育开辟道路，能收到一定的教育效果。但是，在实施心理震慑时，一定要把握分寸，绝不能滥用，更不能把它视为灵丹妙药，必须注意以下几个问题：

1. 运用必要而适当的心理震慑，绝不是扣大帽子，上纲上线，而是要建立在说理的基础上，以理服人，这样才能让人真服。但必须要给被教育者一定的强刺激，使其头脑猛醒。

2. 运用必要而适当的心理震慑，既要考虑眼前起到的作用，更要考虑以后造成的后果。作为教育工作者，绝不能用吓、打、压的办法解决眼前的一些问题。

3. 运用必要而适当的心理震慑，应充分考虑学生所犯错误的性质、程度，不能一味地滥用心理震慑的手段，要严禁借一般事情侮辱学生的人格或采用体罚手段，这样只会起相反的作用。

4. 有效的心理震慑必须有集体舆论的支持。有时学生明明错了，还坚持不认错，有些学生也认为他做得对，这时心理震慑的效果就不大。面对这种情况，应该先做大多数学生的思想工作，使犯错误的学生心理上感到孤立，然后再进行心理震慑才能见效。

要明确这样一个宗旨：在思想品德教育中，心理震慑是一种不得已的手段，当犯错的学生冷静下来时，教师的谈心、沟通工作一定要跟上，只有这样，才能真正起到品德教育的作用。

第三章

班主任如何开展心理教育

第四章　引导班级正确舆论

第一节　什么是良好的班集体舆论

　　良好的班集体舆论氛围是形成良好的班风学风的重要保证，是全体同学正常学习、生活的保证。一个班集体没有良好的舆论，就不可能形成良好的班风学风，就不可能造就每一个成员的健全人格。营造良好的班集体舆论氛围是班集体建设中的重要内容。

　　怎样的班集体舆论才是良好的呢？

一、班集体良好舆论氛围的特征

　　良好的社会舆论氛围，必须符合人类发展的规律性，要能够体现本质的要求，必须符合人类的根本利益，体现着善的要求——合目的性。求真、向善都是为了达到美。合规律性和合目的性的统一，本身就体现了美的要求。真善美是人类的最高追求，作为一个班级的舆论氛围，同样是合规律性和合目的性的统一，同样要符合真善美的要求。由真善美所决定的班集体舆论氛围应该具有时代性、进步性、科学性、公正性和教育性的特征。

班集体舆论要有时代性。良好的班集体舆论应当紧跟时代的步伐。不同的时代有不同时代的学生，不同时代的学生会组成不同时代的班级，不同时代的班级会形成不同时代的班集体舆论。良好的班集体舆论氛围，必须与社会发展相一致，必须与现时代青年人的精神风貌相协调。

班集体舆论要有进步性。良好的班集体舆论氛围必须有利于学生个体的全面自由发展，也要有利于班集体、国家和社会的全面进步。一切活动，人是中心，一切教育，人的发展才是目的。人是社会的人，是生活在集体中的人，良好的班集体舆论，应当有利于个人的全面自由发展和国家、社会的全面进步，有利于个人利益和社会利益的高度统一。

班集体舆论要有科学性。良好的班集体舆论氛围，必须符合事物发展的客观规律，特别要符合当代青年学生身心健康发展的规律。违背事物发展规律，尤其是违背学生身心发展规律的班集体舆论，必然影响学生的健康发展，破坏班集体的建设。

班集体舆论要有公正性。撇开个人的利益或小团体的利益，站在客观公正的立场上，根据事件的是非曲直评判人们的言行，或褒或贬，客观公正。在班集体建设中，形成"坏人坏事有人管，好人好事有人夸"的良好局面。

班集体舆论要有教育性。良好的班集体舆论氛围，必须符合教育教学原则，有利于促进全体学生形成良好的道德品质和良好的意志品质，形成正确的世界观、价值观和人生观。就现时代来说，市场呼唤诚信，国家需要德治，良好的班集体舆论氛围，是加强学校德育的重要内容。只有营造良好的班集体舆论氛围，才能更好地促进学生心理素质和道德品质的提高。

二、良好班集体舆论氛围的标志

良好班集体舆论氛围的标志要从班集体舆论的类型说起。

1. 按班集体舆论的对象分，可分为自然群体舆论和社会群体舆论两类。自然群体舆论主要是指以自发形成的、具有一定号召力的学生为核心的小团体的舆论，这种舆论往往以实现小团体的利益为舆论中心，具有不可控性，庸俗、消极、颓废的舆论易于滋生、传播，危害较大。社会群体舆论主要是指由社会组织按照一定的组织原则建立起来的集体舆论，就学校而言，是学校按照一定要求建立起来的班集体所形成的舆论。在班集体中，还包括由班级的师生按照一定的目的要求建立起来的各种学习小组。这种由学校和班级组建的班集体或学习小组所形成的舆论，是社会群体舆论的一个组成部分。这种集体舆论一般都以实现共同奋斗目标为舆论中心，具有可控性，积极、高雅、进步的舆论易于传播、弘扬。为此，必须正确处理好两类舆论的关系：要以社会群体舆论引导自然群体舆论，以自然群体舆论强化社会群体舆论。良好的社会群体舆论是形成良好的自然群体舆论的前提，而自然群体舆论正确与否，是衡量一个班级是否具有良好舆论氛围的重要标志。

2. 按班集体舆论的时空分，可分为课堂舆论和课间舆论两类。课堂舆论：如主题班会等班集体活动中形成的舆论，这种舆论具有计划性和可控性，正确的课堂舆论是形成良好的班集体舆论氛围的先导。课间舆论：包括早间、午间、晚间、课间学生自由活动时形成的舆论，这种舆论具有自发性和不可控性。良好的课间舆论是衡量一个班级是否具有良好的舆论氛围的又一重要标志。课堂舆论与课间舆论是相辅相成的关系：要以课堂舆论引导课间舆论，使课间舆论朝着积极、健康、高雅、进步的方向发展，同时，要以课间舆论弘扬课堂舆论，使课堂舆论转化为课间舆论，进而占领课间舆论的阵地。

3. 按班集体舆论的性质分，可分为积极舆论和消极舆论两类。符合真善美的舆论，是积极舆论。违背真善美的舆论，是消极舆论，积极的班集体舆论，是高雅的、健康的、进步的，能促进班集体建设，推动班集体的发展进步，有助于培养学生个人的健全人格。消极的班集体舆论，是庸俗的、颓废的、落后的，会破坏班集体建设，阻碍班集体的全面发展，不利于学生形成良好的个性品质。积极舆论和消极舆论的传播程度是衡量班集体舆论氛围是否良好的最显著标志。

4. 按班集体舆论的情景分，可分为有师舆论和无师舆论两类。有师舆论：有老师在场时的舆论。通常情况下，在有老师在场的情景下，班级的舆论往往表现为积极向上，正气压倒邪气。无师舆论：无老师在场时的舆论。一般来说，无老师在场时的舆论更为客观真实地反映了学生的心声，也是衡量班集体舆论氛围是否良好的客观依据。

总之，从根本上来说，判断一个班集体是否形成了良好的班集体舆论氛围，要看这个班级在没有老师在场时的自然群体所体现的课间舆论是否积极、健康、向上，是否符合真善美的要求。

三、良好的班集体舆论氛围的作用

良好的班集体舆论氛围能陶冶人的情操，起到潜移默化的作用。积极、健康、向上的班集体舆论，有利于良好班风学风和人际关系的形成，有利于每个同学树立远大的理想和正确的人生观，进而把自己的需要、愿望、目标和行为与集体、国家和社会的需要统一起来，有利于培养学生健康的思想意识和良好的行为习惯，有利于增强学生认识世界、适应社会的能力。具体说，良好的班集体舆论在班集体建设中发挥着导向作用、鼓动作用、抑扬作用和协调作用。

1. 导向作用：积极、健康、向上的班集体舆论，会引导人们走向真善美。具体表现在三个方面：第一，能引导同学们形成良好的道德品质和集体主义思想，形成正确的世界观、人生观和价值观，努力为班集体多做贡献，积极参加各类竞赛、各项公益活动和服务活动，为班集体服务，为同学们服务，使全体同学团结互助、互帮互学、共同进步，进而使同学们在道德品质修养上趋向善的目标。第二，能引导同学们努力学习，刻苦钻研，勇于探寻未知领域的规律，在继承前人知识遗产的基础上，不断创造新的知识，进而在未知的海洋里趋向真的目标。第三，能引导同学们加强自身修养，形成完美人格、完美的心灵，使自己获得全面

第四章

引导班级正确舆论

自由的发展，进而在自我发展上趋向美的目标。

2. 鼓动作用：积极、健康、向上的班集体舆论，是一种强大的精神动力。积极的班集体舆论，能鼓舞士气、激励斗志。如，为迎接学校田径运动会的召开而举行的主题班会，通过舆论的激励，将焕发出同学们的集体荣誉感，增强同学们的凝聚力，激发同学们的积极性和拼搏精神。

3. 抑扬作用：积极、健康、向上的班集体舆论，能够抑制错误思想的传播、违纪行为的发生，能够弘扬优秀的民族精神和先进思想文化以及优秀学生的先进事迹和高尚品格。在良好的班集体舆论氛围中，班干部的管理会得到同学们的支持，顽劣学生的不良行为习惯将受到谴责、抵制，优秀学生的良好行为习惯会受到同学们的赞赏、夸奖，从而弘扬正气，抵制不良习气的滋长，形成良好的班风学风。

4. 协调作用：积极、健康、向上的班集体舆论，能够协调同学之间、师生之间的矛盾和纠纷，形成和谐的人际关系。在一个班集体中，人们的根本利益是一致的，但具体利益会经常不一致。每个同学在个体身心发展上的差异，特别是思想方法上的片面性、绝对化，往往会造成同学之间的矛盾、纠纷、摩擦，也会造成同学与老师的矛盾，若处理不及时或处理不当，则会使矛盾激化，甚至出现对立情绪。良好的班集体舆论氛围，往往会化解人们之间的矛盾，使之趋向和谐、协调，从而形成良好的师生关系、生生关系。只有在一个具有良好人际关系的班集体中，每个学生才能获得全面的、自由的、健康的发展。

第四章

引导班级正确舆论

四、影响良好班集体舆论氛围的因素

正确的社会舆论氛围，尤其是良好的校园舆论是营造良好的班集体舆论的外部环境。社会大环境中的为人民服务的思想、无私奉献精神等优良思想与拜金主义、享乐主义、极端个人主义等不良思想都会时刻影响着良好班集体舆论的形成。正确的校园舆论对良好的班集体舆论的形成有着直接的影响。这种舆论是在学校领导的组织下，通过校园广播、校园网、校园黑板报、校刊等传播渠道而形成的，尤其是通过各种集会和教育活动，宣扬好人好事、好思想、好作风，用积极、健康、向上的思想占领每个同学的头脑，影响每个人的言谈举止，从而营造一个良好的校园舆论环境。正确的校园舆论包括老师中的舆论和学生中的舆论。一般而言，积极、健康、向上的教师舆论会引导学生舆论，良好的学生舆论总要受到老师舆论的影响。校园舆论健康与否，会直接影响班集体舆论的发展走向。

任课教师的课堂教学氛围是营造良好班集体舆论的重要因素。任课教师在学科教学过程中，科学的教学方法、高超的教学艺术、完美的人格力量、严谨的治学精神、一丝不苟的敬业精神，对于营造积极、健康、向上的班集体舆论具有极其重要的作用。

班主任的教育管理是营造良好班集体舆论氛围的关键因素。班主任通过自己的课堂教学赢得学生的信赖和爱戴，为营造良好班集体舆论创造前提条件；通过组织召开主题班会等，传播正确的思想观点，用科学的世界观、价值观和人生观武装学生，为营

第四章

引导班级正确舆论

造良好的班集体舆论奠定思想认识基础；通过对学生行为的评价、表扬或批评，扬善贬恶，为营造良好的班集体舆论指引方向；通过自身的率先垂范，用进步的思想和良好的道德观念去影响学生，引导学生树立正确的人生观和价值观，从而营造一个积极、向上、努力进取的舆论氛围。

班干部是营造良好班集体舆论的骨干力量。班干部的一言一行直接影响着每一位同学的言行。班干部讲话文明规范，其他同学就少些污言秽语；班干部乐于助人，其他学生就不会袖手旁观；班干部敢于抓工作，敢于抵制不正之风，正确的舆论就容易形成。可见，班风学风好不好，班集体舆论氛围好不好，在很大程度上，在于班干部是否做到了以身作则，发挥了自己的带头作用，是否切实履行了自己的管理职责，敢抓敢管，是否敢于批评学生中的错误言行，勇于同各种歪风邪气作斗争。

学生是营造良好班集体舆论氛围的主体力量。每位同学，都是营造良好班集体舆论的主人翁，正确的舆论要依赖每位同学的传播、弘扬，错误的言论要靠每位同学的抵制，只有每个同学都以主人翁的姿态对待班集体舆论，才能使正气得以发扬，邪气得以消除，才能营造良好的班集体舆论氛围。现阶段，一些青年学生表现出的以自我为中心、高傲自大、盛气凌人、妒嫉贤能等不良思想品质以及自卑、胆怯、萎靡不振、怕苦怕累等不良心理素质，均不利于营造良好的班集体舆论。

自然群体中的学生领袖在营造班集体舆论氛围中起着举足轻重的作用。这有两种情况：一是以品学兼优的学生领袖为核心的自然群体，由于这些学生领袖以优秀的学业和高尚的人品，在学生中树立了很高的威信，具有很大的号召力和凝聚力，他们的言论往往会赢得该自然群体中学生的普遍认同，成为营造良好班集体舆论氛围的积极力量。二是以品学双差的学生领袖为核心的自然群体，他们虽然是有名的后进生，但由于他们的活动能量大，往往在该自然群体中具有更大的号召力，他们的污言秽语也会在该自然群体的学生中得到传播和效仿，从而成为营造良好班集体舆论氛围的消极因素，班主任对这类学生的控制和转化工作做得如何，将最直接、最有效地影响着班级良好舆论氛围的形成和发展。

第二节 营造良好班集体舆论氛围的策略手段

一、营造良好的班集体舆论氛围的策略手段

（一）教育管理类

1. 目标管理。营造良好的班集体舆论氛围要同班集体目标管理结合起来。良好的班集体舆论的形成离不开良好的班风，良好班风的形成离不开班级正确的舆论导向。班集体建设的中心目标是班风学风建设。加强班风学风建设的根本目标是培养德、智、体、美、劳全面发展的人才。要把道德修养放在培养目标的首位，

要教育学生把个人的奋斗目标与班集体建设的目标结合起来，努力提高自己的思想道德素质和科学文化素质，尤其要重视个人的思想品德修养。作为班主任，要牢固树立"以德育促智育"的指导思想，做到以德治班，以德育人。只有加强对学生的道德品质教育，才能营造良好的班集体舆论氛围，也只有营造良好的班集体舆论氛围，才能提高学生的思想道德素质。

班主任老师必须针对本班学生的具体情况，恰当而又灵活地采取有效途径培养正确、健康的舆论，抵制和压倒不健康舆论的消极作用，引导学生全面发展，形成良好的氛围，这有助于学生的思想道德教育。集体目标的制定与实施，组织机构的健全与成效，班级制度的制约与影响，都离不开健康有力的舆论支持。不仅如此，集体舆论还有助于团结、鼓舞集体成员，阻止不良言论和行为的发生。

2. 规章管理。良好的班集体舆论氛围的营造要同构建班级规章制度结合起来。完善的班级规章制度，是培育优良班风的保证，也是营造良好班集体舆论氛围的保证。如果班级规章制度不健全，有了规章不落实，则优良的班风无从谈起，良好的班集体舆论也无法形成。因此，必须把营造良好的班集体舆论氛围的具体要求纳入班级规章制度的建设之中，做到以法治班，以法育人。

3. 队伍管理。把营造良好的班集体舆论氛围同建设班干部队伍结合起来。建设一支优秀的班干部队伍，是建设优良班风的组织保证，也是营造良好班集体舆论氛围的组织保证。要努力培养一支思想进步、责任心强、工作踏实、乐于奉献、善于组织、敢于同各种不良倾向作斗争的高素质班干部队伍。只有班干部能自觉做到以身作则、敢抓敢管，做到以人治班、以人育人，才能营造良好的班集体舆论氛围，建设优良的班风学风。为了提高班干部各方面的素质，一般应经常对班干部的工作进行民主考评。反对意见少的班干部就虚心听取同学们的意见，改进工作方法；反对意见多的就改选。把真正能经得起考验的同学选拔出来，给予他们管理权，给予他们自主权，给予他们反映权，使他们充分发挥他们的带头作用，在各个方面做表率，使他们能带头制止坏人坏事坏言论。只要有人带头，"正确舆论"这部机器就可以运转起来。除此之外，还要确立班内正义感强的同学的榜样地位，充分发挥他们的积极作用。

4. 群体管理。把营造良好的班集体舆论氛围同加强班级自然群体教育管理结合起来。"物以类聚，人以群分。"学生也是这样，不同个性的学生会自发结合成不同的自然群体，不同的自然群体会有不同的群体舆论，不同的群体舆论对班集体舆论的走向起着不同性质的作用。为了发挥自然群体的作用，就必须做好自然群体领袖的工作，把弘扬优秀学生领袖的优秀人格同转化品学双差学生领袖的顽劣言行结合起来，使各个自然群体形成积极、健康、高雅、进步的群体舆论，从而约束自己，调控自己，最终做到学生的自治自理。只有这样，才能使自然群体舆论对班集体舆论的形成和优良班风的建设起到积极的推动作用。

（二）教育活动类

1. 就某一德育主题，召开主题班会或开展各种班团（队）活动。如以"众人拾柴火焰高"为主题召开主题班会，增强班级的凝聚力和向心力，激励团队精神；以"不以恶小而为之，不以善小而不为"为主题召开主题班会，教育同学们要使自己健康成长，为集体、为国家、为社会的发展进步做贡献，要从小事做起，从我做起，努力培养自己良好的行为习惯和与人为善、助人为乐的道德品质；以"今天我以班级为荣，明天班级以我为傲"为主题召开主题班会，激励同学们爱护班级荣誉，珍惜青春年华，努力学习，顽强拼搏，立志早日成才，为祖国、为人民多做贡献。这样的主题班会，对营造良好的班集体舆论氛围无疑将起到极大的推动作用。

2. 举行一周小结会。人是活动着的人，每个人在活动中都会有得有失，一个班集体，在一周的活动中，同样会有得有失，作为一名班主任老师，对自己所带的班级情况要及时了解，及时总结，对班干部的管理和同学们的学习、生活都要进行总结，及时表扬先进典型，弘扬他们的精神，及时批评不良倾向，杜绝其滋长蔓延。只有这样，才能引导班集体舆论走上正确的发展轨道。

3. 开展各类集体活动。通过开展各类集体活动，创设营造良好班集体舆论氛围的必要条件。如，让同学们积极参与社会实践活动，通过参加军训、参观、社会调查、勤工俭学等实践活动，开阔他们的眼界，扩大他们的胸怀；在活动中培植友谊、增进感情；在活动中培养能力、锤炼意志；在活动中创造师生交流、生生交流的机会，营造良好舆论氛围。同时，还可以采取"走出去，请进来"的办法，让同学们广泛接触模范人物，学习先进事迹，把先进人物的精神品格内化为学生自身的优良道德品质，学生优良道德品质的显性形式便是积极、健康、进步的班集体舆论和良好的行为习惯。

4. 重视学生自由活动。学生在课间自由活动时偶发事件会时有发生：有的同学拾金不昧，帮助同学，助人为乐；而有的同学恶言伤人，以大欺小，以强凌弱，引起纠纷和矛盾，甚至打架斗殴；有的同学违反校纪校规，顶撞任课老师、值周老师；有的同学不讲卫生，损坏公物，为所欲为等。作为班主任老师一定要关注学生的自由活动，不仅要自己细心观察，更要建立管理反馈机制，使各类偶发事件能够及时得到反映并处理，要发动学生进行自我教育，要做到扬善惩恶，树立正气，抵制邪气，将各种不良言行扼杀在萌芽状态，从而营造积极、健康、向上的舆论氛围。

（三）宣传媒体类

1. 办《班级日报》，也可改成《班级周报》。由学生自己主办报纸，是培养学生写作能力和写作兴趣的重要手段，是建设良好班风学风的重要舆论阵地。

以魏书生老师的办报经验为例：1984 年一张《班级日报》的一版头条是："要闻简报"四则。前两则是："1. 今天学校放暑假，但还有一部分同学和老师不怕炎热，放弃休息来护校，使学校财产免遭损失。2. 班长和刘颖连续两天拿着水壶到校外为同学去打水，他们自己却不喝，这种精神值得赞扬。"很显然，这种舆论弘扬了正气——心中有他人、心中有集体、心中有国家的集体主义精神。另有一篇通讯：《前进队伍中的路长——潘忠良名列榜首》。这些特写或通讯，是一种积极的弘扬浓厚班风学风的班集体舆论，对于建设优良班风学风将起到极大的推动作用。二版中缝还有《箴言》："生活是考场，你的一言一行全是考卷。""轻信他人容易上当，不信他人一事无成。"这是一种促进学生自我修养身心的良好舆论。其实，一份班级日报，何止上述舆论内容，还有更多更多。总之，办报的过程，对于班级中的编者和读者都是一个制造舆论和接受良好教育舆论的过程。

2. 创办《班级月刊》，也可以办成《班级周刊》。其意义与办《班级日报》相似。创办《班级月刊》，也是建设优良班风学风的重要舆论阵地。可以通过《班级月刊》，摘编选登一些倡导加强社会主义精神文明建设、法制建设、公民道德建设的好文章，刊登本班同学的先进事迹，登载本班一月活动大事记，发表一些针对班级学生中出现的各类现象的评论文章，或褒或贬，对于树立正气，抵制邪气，将产生深远的影响。

3. 出好班级黑板报。要充分利用班级黑板报，设立表扬批评栏、光荣榜、各类竞赛获奖名单，刊登有关介绍学习心得的文章，刊登优秀学生的先进事迹、班级一周记事、一周回顾等，起到宣传、教育、激励的作用。可以根据班级的发展状况以及有关内容，展示各类弘扬优秀道德品质的竞赛文章，举办优秀作文展、图片展、学生摄影展。如我校有的班级举办了本班同学参加校运会时各竞技场面的摄影展、主题班会活动摄影展、春游活动摄影展、为民服务活动剪影、报道等。

4. 张贴富有班级特色的标志性语言。展示名言警句包括座右铭、名人名言、格言、箴言、歇后语等来营造良好的班集体舆论氛围。如张贴"态度决定你的高度，性格决定你的命运"的标语，是为了告诫每个同学要培养自己良好的处事态度和良

第四章

引导班级正确舆论

好的个性心理品质的舆论。"勤奋可以弥补聪明的不足，但聪明永远弥补不了懒惰的缺陷。""人生在勤，不索何获"——张衡。这些标语表明，人的一生在于勤奋。不思考，不勤奋，哪有收获，这些属于勉励每个同学勤奋努力的班集体舆论。"放弃时间的人，时间也放弃他"，莎士比亚的这一名言，劝导人们要珍惜时间，珍惜青春，努力学习，努力工作。又如，将"人，应当像'人'字一样，双脚蹬地而永远向上"的名言作为标语，会提醒我们人活在世上，要有追求，积极进取，奋发向上。孟子的名言"爱人者，人恒爱之；敬人者，人恒敬之"，教育人们要将心比心，互换角色，善待他人，学会正确处理人际关系。名言警句，可由学生按学号轮流摘抄，一日一换，常换常新，起到潜移默化的作用。

5. 订阅报纸杂志。通过订阅报纸杂志，拓宽舆论阵地，营造舆论氛围。尤其要征订《中国青年报》《中国教育报》等与青年学生的身心发展特点联系密切的有关报刊杂志等。利用读报课，学习有关遵纪守法、文明礼貌、诚信待人、关心人、服务人的优秀报道，宣传先进人物的优秀事迹，针砭时弊的道德文章，也是营造良好班集体舆论氛围的重要途径和方式。

以上各种策略方案和手段，都是在老师指导下，由班干部策划，以学生为编者或主编的。作为一名班主任，应当把营造良好的班集体舆论氛围纳入班级管理计划之中，作为班集体建设的一项常规工作，抓紧抓好。只有持之以恒，才能在营造良好班集体舆论氛围中取得成效。

二、在班级中形成正确的舆论中心

（一）班集体舆论中心的形成离不开班主任老师

要以科学严谨的理论武装学生，以大量真实优秀的事例鼓舞学生，让学生知道什么是好的，什么是差的，什么是该做的，什么是不该做的。

学生的成长离不开家庭、社会和学校。然而纷繁芜杂的社会环境及复杂不一的家庭教育背景对学生总有一定的影响，甚至有反面导向作用。当来自不同家庭的学生坐在一起，组成一个班级时，不同的思想意识，不同的生活经验就会互相影响，互相作用，对一个问题就会有不同的认识，那么不同的舆论中心就会自然形成。此时，在班级中很有必要形成一个正确的舆论导向，让学生知道什么是对的，什么是错的，什么该做，什么不该做，给班级一双慧眼，让学生明辨是非。

班主任的工作复杂而琐碎。那么在大量而琐碎的工作中，一个优秀的班主任要善于引导学生，使学生知道，应该做什么，应该怎样做，和学生多讨论，多交流，多沟通，多问学生几个"对不对""有没有道理""这样做好不好，行不行"，以便在问题的认识上和学生形成共识和共鸣。班级总会有一些不遵守纪律的学生或事件发生，在不涉及当事人的隐私和自尊的前提下可以让全班参与讨论，以便通过讨论使全班共同受到教育，让所有学生知道这些错误对班级和个人的危害，从而形成班级认识问题的正确舆论基础。

第四章

引导班级正确舆论

（二） 加强班集体舆论建设离不开集体主义教育

学生生活在一个集体中，集体的凝聚力和向心力是培养学生良好品德和发挥班集体舆论监督作用的保证。

让集体主义思想深入学生的内心，使学生知道班级离不开个人，自己是班级的一分子，班荣我荣，班耻我辱。自己的一言一行都会影响班级的形象。使所有的学生都能够意识到：我生活在这个集体中，我要为这个集体争光。有了这样的集体主义思想作为基础，那些不良行为和言论自然就会受到遏制。舆论的监督作用自然就会在最大程度上得到发挥。

（三） 班集体舆论中心的形成，首先要建设几个重要舆论点

1. 班集体舆论点的建设首先从班干部开始。选拔责任心强、学习认真的学生做班干部，他们本身就具有一定的影响力和号召力，班主任首先要紧紧地抓住班级中这些优秀的个体，让他们能够在问题的认识上和班主任达成一致，在处理班级的日常事务中和正确舆论站在一起，用自己的实际行动去带动其他同学，用自己的言行影响其他同学。"榜样的力量是无穷的"，一旦正确舆论在班级占了上风，那么错误舆论自然就没有了立足之地。正确舆论自然就发挥了它应有的作用。

2. 班集体舆论点的建设工作绝不能忽视班级中自然形成的各种"小团伙"和"小帮派"。教育心理学告诉我们：在一个班集体中，中心人物或榜样，以及有吸引力的"小团体"，常常能发挥教师所无法发挥的作用，能产生"从众效应"，起到"类化作用"，即左右或影响全班以至形成一种风气。因此，要善于鼓励并培养可作为学习榜样的中心人物，强化他们的影响。对反面的典型与中心人物，予以妥善限制。如果我们能有意识地将这些处于"双差"地位的学生，组织到适合他们兴趣的有益的"小团体"中，并鼓励品学兼优的学生在"小团体"中发挥中心和榜样的作用，多提倡一些集体的"进取"，那么，我相信，这些"小团体""集体意识"必定成为班级舆论的重要组成部分，对班级正确舆论的形成有不可多得的帮助。

3. 为了班集体舆论点的建设，班主任要善于吸引一批人，特别是那些性格独特，个性鲜明的"独行侠"。从感情上让他们向老师靠近，使他们知道自己行为的方向和方法。这样，班级自然就会、好事多多，最终达到"共同富裕"。一旦有了问题，正确的舆论自然就会起到主要作用，在那个时候，班主任如果再在班级问"这件事情这样做对不对，好不好，有没有道理"，大家自然就会明白班主任的意思，而云集响应。

有了以上几个舆论点作为基础，班级中的一些错误的思想和做法自然就失去了它们的存在空间和条件，良好的班集体舆论也就形成了，班风自然也就正了。

三、注重发挥舆论监督作用

在班集体中拥有良好的舆论导向的基础之上，还要加大舆论的监督力度，这不仅能够减轻班主任的工作强度，更有利于培养学生良好的纪律观和自律能力，从而提高学生的自身素质。

班级本身就是一个社会的雏形，或者说是一个小的生活舞台，在这个小社会和舞台中，培养学生的纪律观和自律意识，毫无疑问，舆论的监督作用不可小觑。根据学校的要求，结合班级学生的自身情况制定具有本班特色的"法律和法规"有利于维持班级的秩序，有利于班级整体成绩的提高。紧紧抓住班集体舆论监督这个武器，让学生知道怎么做是对的，是受欢迎的，怎么做是不对的，是不受欢迎的。把学生所有的行为都置于班级的舆论监督之下，最终达到：人人有事做，事事有人做；好事抢着做，坏事没人做。

舆论监督作用要得到充分发挥，就要从班主任自身做起。给学生一个机会，蹲下自己的身子，倾听学生的意见，体会学生的感受，让学生给班主任提提意见，指出班主任工作中的失误，让学生感受到作为学生的尊严和作为老师的大度，这种影响毫无疑问为班级舆论的监督增加了不可多得的力度。

要想发挥舆论监督作用，还要给学生充分的自主权和知情权。民主意识从学生开始培养，班级事务让学生做主，班干部由大家选举，让所有的学生都能够明确自己是班级的主人。公开班级的一切事务，让大家生活在一个公平和谐的集体中是舆论监督作用得到发挥的首要条件。只有大家都意识到自己的主人翁的身份，班级的舆论才能从根本上起到作用。

为了更好地发挥舆论监督的作用，还可以在班级设立意见箱，这不仅提供了学生和老师交流的机会而且也便于学生自己监督自己。在意见箱上写上：为了班级的发展，请写下你的真诚意见或建议。这不仅能够保证意见和建议的质量而且能够端正意见或建议者的态度，从而让舆论监督不流于形式，甚至变成游戏。

第四章

引导班级正确舆论

为了发挥班集体的舆论监督作用，不妨经常举行一些民主生活会，"流水不腐，户枢不蠹""有则改之，无则加勉"，让大家经常地进行批评和自我批评，不仅可以净化学生的心灵，而且有利于班级舆论监督作用的发挥。

四、班集体舆论建设中的一些基本原则

（一）大问题小讲

由于学生之间必然存在着个体差异，不同的学生对同一个问题会有不同的认识过程和态度。一旦某个学生犯了严重错误或者某个学生做了一件不宜公开的错事，这时候班集体舆论就有可能给这个犯了错误且正在后悔或自责的学生带来更大的打击。那么，班主任就应该遵循"大问题小讲"的原则，把这个有可能给这个学生带来更大打击或更多负面影响的问题限制在最小的知情范围内，保护这个学生的自尊，给这个犯错误的学生一个较为安静的反省空间。否则，如果舆论公开，不仅不利于问题的处理，更有可能带来更坏的结果，甚至把学生逼上绝路，从而发生恶性事故。

对于一些社会上发生的恶性事故或案件则要遵守"大问题小讲"的原则。正在成长的学生的心灵像一汪纯净的水，他们辨别是非的能力不是很强，发生在社会上成年人之间的什么抢劫、强奸、凶杀等恶性案件班主任不必在班级中绘声绘色地向学生讲述，一方面，防止污染学生的心灵，另一方面，防止挑起学生们不健康的好奇心，以至于产生"效尤"心理。

（二）小问题大讲

一个班集体是由不同的学生个体组成。处于好动阶段的学生犯错误是难免的。对于一些学生常犯的错误在不影响学生的自尊心的前提下，"小问题大讲"的原则是有必要的。不仅要"小问题大讲"，而且更要"老问题常讲"，这就是大家概括班主任工作特点之一的"嘴勤"。清洁卫生、同学团结、学习态度、劳动态度、师生关系等一些问题要抓住典型，晓之以理，动之以情，大讲特讲，让所有学生都能够知道自己该怎样做，让全班都知道什么事情不该做。如就考试态度问题多次在班级强调：不要紧张，看清题目，写字要认真。每次考试前的动员会上都要学生集体背诵一遍，以至于一考试，学生都会自动说出这三条基本要求，从而使班级形成了良好的考风，学生形成了良好的考试态度，收到了良好的效果。

正是遵循这个"小事情大讲"的原则，在班级教育及管理过程中才使一些易犯错误的学生得到了时时提醒，把错误的发生扼杀在萌芽状态，从而避免一些重大甚至恶性的事故发生。

良好班风的形成需要班主任做大量深入而细致的工作，班集体舆论建设更需要班主任付出更多的爱心和耐心。

班主任的工作是辛苦的但又是幸福的，因为他们用自己的汗水和智慧塑造了人的灵魂。他们通过自己的劳动开拓了学生的视野，培养了学生的创新精神，提高了学生的文化品位和审美情趣，发展了学生的健康个性，从而使学生逐步形成了健全人格，最终使我们的国家拥有一大批有理想、有道德、有文化、有纪律的公民。

第四章

引导班级正确舆论

第五章　建设良好班风

第一节　在班级中营造出理想的学习环境

1999 年 6 月召开了全面进行素质教育的全国教育工作会议，会上明确了教育工作的重点：即以提高民族素质和创新能力为重点，深化教育体制和结构改革，全面推进素质教育，振兴教育事业，实施科教兴国战略，为实现社会主义现代化建设宏伟目标而奋斗。

当今的世界上，综合国力的竞争越来越表现为经济实力、国防实力和民族凝聚力的竞争。无论哪一方面实力的增强，教育都有基础性的地位。作为班主任主要是以班级教育为己任。班级是学校教育工作的基本单位，学校一切活动是以班级为单位进行的。学校办学成功与否也是与班级的建设、班风的培养有着密切联系的。班级工作千头万绪，抓好班级的建设、班风的培养，是搞好班级工作的重要的、必不可少的基础工作。要成为一个合格的班主任，把班级班风、学风搞好，一定要做到以下几点：

一、抓好班级小事情

班集体的建设、班风的培养要从小事做起，从细节问题抓起，不能放过任何细小的地方，也不容忽视任何一个细微的错误。

良好班风的培养，班集体的建设，要从头开始。对不良行为和现象，从一开始就要认真对待，不能放松，也不能放任自流，否则将积重难返，发展成为大问题，形成不良习惯，再抓就困难了。

许多高中学生的世界观和人生观都是在老师的引导下形成的，因此，班主任的日常教育、帮助和引导是非常重要的，严格要求、及时教育，加上以理服人，才能使学生有分辨美丑、真假的能力，才能培养学生为集体着想的思想和行为。言传身教、身体力行是培养良好班风的另一方面。班主任作为一个班级的领导者、引路人，也应从小事开始对自己严格要求，时时以榜样身份出现，以"情""行"来打动学生，这样的潜移默化会对学生产生巨大的影响。

教育学生要从学校生活的每件事抓起。作为班主任也必须深入到学生中去，了解他们的想法，及时和他们沟通，做到心中有数，这样处理问题才能有的放矢，做到有理、有力、有节，学生才能口服心服，并对自身的错误加以纠正。坚持从小事做起，不断创造一个良好的氛围，使学生养成良好的习惯，使班级形成良好的班风。

老师是一面镜子，是学生崇拜和模仿的对象，常听人说"什么样的老师带出什么样的学生"，正因为学生对老师这样崇拜，甚至急得老师的一举一动都是这么正确和伟大，所以就要求教师不断地加强自身的素质和修养，提高自己的品德。因此教师就应该无私地去爱每一个孩子，让他们感到老师是最公正的人！老师是最喜欢自己的！教师要把这种爱渗透到日常生活的每一个环节中去，让每个学生都能感受到教师的爱心和关怀，从而使每个学生对老师产生认同和依恋。用温柔、亲切的声音和学生讲话，学生善于模仿的能力和感受的直观性，会起到意想不到的好效果。你不可能在要求学生轻声说话的同时，自己却常常用严肃、命令的口吻大声地说话，这样是不会达到你预期的目标的。

如果是个专制的老师，那么学生就会感到很压抑、不开心。所以教师要把学生当成好朋友，让学生以自己喜欢的方式去主动学习，学会生活！或是在自己有些小烦恼时，让学生也参与进来，为老师出出小主意，从老师在听到解决的好办法之后的喜悦中，让学生感受"分担"的快乐和"给予"的幸福。所以我觉得，老师在创设好班风的过程中扮演着非常重要的角色。

二、培养贵在自律的班风

当前，班级管理的大方向之一就是如何培养学生自觉、自律，充分发挥学生的主观能动性，提高其自我控制、自我管理的能力。在这方面，不少班主任做的各种尝试，都取得了一定的成绩，下面将一些尝试性的做法介绍如下：

关于自律小组的成员组成，不可只局限于班长、团支书等学生干部，这样容易使学生认为不外乎又多了几个班干部的"头衔"而已，不能切实体会其"自律"的意义。可以把同学推荐和自荐结合，选出自律小组的成员若干人。由班主任综合各方面的条件和素质，指定组长，班级劳动委员、当周执日班委和参加年段常规评比的同学为当然成员。此外再由组长结合自荐和同学推荐的情况在无担任任何学生干部工作的同学（不排除非团员和寄读生）中选出两名成员（男女各一名），由这六位同学组成班级自律小组，负责班级的各项常规管理工作。

自律小组各个成员的主要工作内容为负责班级每日的考勤、卫生、仪表、服装以及课前准备和课堂纪律的监督与劝导，做好宣传工作，制造良好的舆论环境，使班级形成有正气、有次序的良好班风，为同学创造一个良好的学习环境。

自律小组各个成员要各有不同分工，每日用心观察班集体的发展，及时发现班级存在的问题，并制定相应的解决办法，及时通知有关同学予以纠正，并定期向全班同学做工作汇报，总结前阶段的成果与不足，对同学提出相应的建议和要求，同时也征求广大同学的意见和建议，制定下阶段的工作重点，不断改进工作方法，进一步调动广大同学的积极性，齐心协力，使班级的各项常规管理正常化、制度化，使全班每一位同学都充分意识到自己作为班级一员的重要作用，自觉为班级争取荣誉，做到自觉自律。

由于实行自律小组的运作模式还只是一种尝试，所以在试行中必然会遇到不少不可忽视的问题。对此，班主任应充分考虑各方面的情况，听取广大同学的意见和建议，及时予以纠正和改进，把握好学生工作的方向和尺度，使这项工作向有利于学生身心各方面发展的方向推进，达到陶冶学生情操、培养学生正义感和集体荣誉感的目的，既不能给学生以压抑感，又能起到导向的作用。

首先，要处理好自律小组与班委之间的关系。自律小组的职责主要在于监督和劝导同学遵守学校的各项规章制度，使班级在学校的常规评比中少失分，并把每月扣分情况及不足之处及时向同学通报，创造一个良好的秩序和学习环境。而班委的职责主要在于协助班主任和科任老师处理各项事务，如作业状况、文娱体育、班费管理和宣传等工作，二者各司其职，没有矛盾。班级劳动委员同时作为自律小组成员，既是班级卫生工作的监督劝导者，又是卫生工作的安排和策划者。自律小组的每周例会和各项讨论班长均列席参加，并提出相应的建议，支持和配合自律小组的工作。

其次，与班委会性质的不同之处在于，自律小组并非学生干部机构，所以应更好地调动全体同学的参与意识，使之真切地体会到"自律"的含义。为此自律小组应做好宣传工作，在班级形成一个良好的舆论环境，使正气得以发扬。在这方面，班干部和全体团员应起模范带头作用，敢于同不良言论和现象作斗争，发扬正气，以配合自律小组的工作，带动广大同学主动自觉、自律。团支部例会及班委例会上必须明确地把支持自律小组的工作作为一项内容来总结。

再次，班主任在自律小组的活动中要恰如其分地起到整体导向作用，既不可过于放手，一切不管，由学生全面自律，也不必事事躬亲，失去"自律"的意义。班主任应密切关注班级情况，鼓励自律小组成员放手开展工作，做好他们的坚实后盾，一旦发

第五章

建设良好班风

现其出现工作中的偏差，应及时并不露痕迹地予以纠正。对于不配合自律小组工作的个别同学应及时予以谈话，了解其原因，及时帮助其认识问题，弥补自律小组工作中的不足，使自律小组的工作逐渐深入人心。

同时，自律小组成员还必须树立一定的威望。威望的树立主要在于以下几个方面：一是以身作则，自觉遵守各项规定为同学树立榜样。二是学习刻苦认真，学习成绩优异或不断取得进步。学生以学为主，学习成绩优异和不断取得进步的学生在同学中有着自然而然的威信。三是必须敢于开展工作，同不良现象作斗争，方可达到劝导的目的。在这几个方面，班主任应对其进行观察和帮助，使他们树立起在同学中的威信，方可真正发挥自律小组的作用。

准确地把握好自律小组工作的原则与尺度，由班主任予以全力支持和恰如其分的协助和诱导，必然会充分调动全体同学的自觉性，使班级形成有正气、有朝气，同时又有强烈的集体荣誉感的良好班风，为学生创造一个良好的学习环境。

三、带好班干部

班集体的建设，班风、学风的培养，要注意班干部队伍的培养，发挥其带头作用。一个好的班集体的建立，光靠班主任的力量是不够的，必须有一支好的班干部和积极分子队伍，要依靠他们，使用他们。班干部的意见是班主任治理班级的法宝，同时也是班集体建设的桥梁和生力军。

要充分发挥学生干部的作用，首先是选择班干部并培养好班干部队伍，要结合班级的实际情况，严格挑选，合理使用。比较而言，要选有一定组织工作能力、肯吃苦、品行好的学生，充分发挥其积极性，在实践中锻炼他们。如某同学性格开朗，细心，善于和同学相处，就安排他当生活委员。又如某同学很有集体荣誉感，很乐意为大家服务，就安排他当卫生委员。对于个别有能力但学习成绩不理想的学生，也安排一些工作，但跟他谈好条件，成绩必须达到一定要求，否则撤消工作并予以批评。在教育的同时调动其积极性，大胆使用某些同学，在促进班风的形成上也起到一定的作用。

要组建一支较好的班干部队伍，作为班主任，一项重要的工作就是培养教育，要教育他们以身作则，处处起表率作用，要敢于坚持原则，敢于同不良倾向作斗争，养成谦虚谨慎、胸襟宽广的好品质。

在班级工作中，民主化、重点化、及时性是使用班干部的重要方法。在布置学校任务时，充分发挥班干部的积极性，让他们主动请缨，开展各项工作。在制定计划时班主任只提要求，在执行中进行检查、督促，对出现的问题及时解决。事后肯定成绩，总结经验教训。这样充分发挥了学生自主力，又能让他们感受到老师强有力的支持。

当然，班干部的使用并不是一成不变的。根据班干部的表现和能力，不断吐故纳新，这样才能形成一种激励机制，保持班干部的纯洁性，发挥他们的带头作用。

第五章

建设良好班风

四、创造理想的学习环境

一般来说，理想的学习环境，具体是指优美的校园环境，整洁的室内学习环境，和谐的人际环境和健康的舆论环境。良好的学习环境不仅有利于教学活动高效运转，而且能陶冶学生情操，净化学生心灵，激励学生勤奋学习、积极向上，促使学生全面发展、健康成长。教室内保持整洁卫生，窗明几净，器物不乱放，学生的课本、作业放置有序，除本节课必需的书籍、文具之外，桌面上尽量不放其他的书籍、簿本等，以免文具纵横，"书山"显现，诱发学生生活随意、章法杂乱的不良习惯。

学习环境是一种特殊的生活环境，特别是作为按照人的身心发展的特殊需要而设置的专门育人的学习环境，能潜移默化地影响学生的情感、思维、行为、习惯以及气质的形成。教室的布置应注重颜色的选择与光线的处理，适度、均匀、柔和的光线是学生眼睛健康的保证。根据色彩的心理效应，可以出一期展望未来的学习园地，用红纸配学生的彩照与格言在教室的一侧墙上，使学生视物时感觉舒适，以缓解疲劳，另外可以再配上学生的学习体会，使班级的布置给"教"与"学"创造一个温馨的环境。

五、净化人际关系

1. 师生关系自然和谐。首先，教师要能塑造良好的形象，端庄大方，平易近人，和蔼可亲；热爱本职工作，以身作则；真诚关心、热爱学生，对学生动之以情，晓之以理，导之以行，使学

第五章 建设良好班风

生感到老师可亲可敬，是自己学习的楷模。这样，教师的"传道授业"才能通过学生感情的"过滤"和"催化"，变成学生的需求和行动。当师生在感情上产生共鸣形成尊师爱生的氛围时，才能真正建立起和谐融洽的师生关系。

在平时的日常接触中，班主任老师要力求把自己放在与学生平等的地位，遇事尽量以商量的口气，不用命令的口气或责备的语气说话，尽量在学生中间创造一种和谐的气氛与情感。学生是活生生的人，有个性、有自尊心，有时犯一些小错误也是正常的，要正确引导，不要大惊小怪、小题大做，更不要为此去处罚他们。平时对学生多一分关怀少一分训斥；多一点儿鼓励少一些批评。学生的健康成长离不开班级组织，班集体有利于学生群体意识的形成和良好个性的发展。通过班集体活动和学生群体间的交往，不仅能使学生积累集体生活的经验，发展自己的志趣和爱好，而且能使学生学会合作，学会交往，学习做人之道，从而促进学生良好思想品德和个性品质的形成。

班集体活动有利于培养学生的自我教育能力。班集体是学生自己的集体，有它的组织机构，每个学生在所归属的班级中都能找到适合于自己的活动、工作和角色。在班集体中，有共同的目标，明确的职责分工，有统一的规章制度、权利和义务。这就要求班级中的每一个成员学会自己管理自己、教育自己，自主地制定集体活动计划，积极地开展各项工作和活动，锻炼学生的自我教育能力。全班同学要有共同的奋斗目标。班集体的目标由班长和全班同学一起讨论确立，可分为近期目标、中期目标和远期目标。目标的提出应由易到难，循序渐进，推动班集体不断向前

第五章

建设良好班风

103

发展。

2. 学生之间团结友爱。同教师一样，学生也是教学环境的主人，在创建良好的教学环境中发挥着重要作用。即使在改善人际关系中，也不能忽视学生的作用。提倡同学之间在学习上互相帮助，共同进步；生活上一人有难，八方相助。强化学生群体意识，树立学生集体荣誉感，能够不断增强凝聚力。培养学生群体意识，集体舆论导向性是一个很重要的问题。一个奋发向上、团结友爱的班级，势必也有很强的集体荣誉感。而一个松散、歪风盛行的班级，是学生容易犯错误的温床。因此良好的班集体，对学生起着很大的作用。通过各项活动的开展，目标的制定与实现，同学们在集体中充分感受到集体的力量和集体的温暖，在良好班风的熏陶下逐渐养成群体意识，从而升华到集体主义思想，不断增强凝聚力。在一个优良的班集体中，同学们才能互相帮助、督促、鼓励、关心、团结向上、共同进步。

六、创造积极向上的学习氛围

学生的主要任务是学习，而学习成绩的优劣，除了个人主观努力外，同学之间的相互合作、相互帮助也是重要因素。教育学生明确学习目的，端正学习态度，使班内形成浓厚学习氛围，创造一个良好的学习环境，促进全体学生相互切磋、相互启发、取长补短、共同提高。鼓励、指导学生采用多种方式互帮互学，除了课堂上相互切磋外，课余时间要提倡彼此为师，相互激励，如同我国北宋时期的教育家胡瑗所采用的"以类群居"，即按专业兴趣同宿，以便

"相与讲习"，互帮互学。为了搞好学习上的合作，可根据自愿结合的原则，成立课余"学习互助小组"，相互质疑问难、答疑解惑、共同探讨；或在优生和后进生之间开展"一帮一，一对红"活动，发挥优生的传、帮、带作用，促进后进生学习上的转化；或在班会课上举行学习经验交流会等活动。这些措施都有利于增强学生的合作意识，强化合作行为，促使学生普遍提高学习水平。

第二节　培养学生的学习习惯

一、养成良好学习习惯的意义

习惯是行为的自动化，不需要特别的意志努力，不需要别人的监控，在什么情况下就按什么规则去行动。习惯一旦养成，就会成为支配人生的一种力量。国内外教学研究统计资料表明，对于绝大多数学生来说，学习的好坏，20%与智力因素相关，80%与非智力因素相关。而在信心、意志、习惯、兴趣、性格等主要非智力因素中，习惯又占有重要位置。古今中外在学术上有所建树者，无一不具有良好的学习习惯。进化论的创始人达尔文说："我的生活过得像钟表的机器那样有规则，当我的生命告终时，我就会停在一处不动了。"达尔文所说的"规则"，便是指良好的习惯，当然也包括学习习惯。就连智力超群的科大少年班的学生，在谈到自己成绩优异的原因时，也都强调自己有良好的学习习惯。其中，13 岁进入科技大学的少年大学生周峰认为，自己成功的秘诀就是从小养成了良好的学习习惯。周峰认识汉字，记忆英语单词，都是每天 10 个，即使走亲访友时也从不间断。就这样，一年下来，便记住了 3000 多个汉字和 3000 多个英语单词，这是他量化的学习习惯。周峰该学习的时候就一心一意学习，该玩儿的时候就轻轻松松地玩儿，自觉性极强，从不需要别人提醒，更不需要别人强制。他听英语广播学英语，一到时间便准时打开收音机，这是他定时的学习习惯。周峰学习时总是全神贯注，思想从不开小差，精神略有溜号，便立即作出调整，这是他专心致志的学习习惯。

养成良好的学习习惯，有利于生理和心理稳固的"动力定型"的建立。习惯是人在较长时间内形成的规律性的行为方式，一旦形成便难以改变。长期有规律地安排学习的人，便可以养成良好的学习习惯。这种良好的学习习惯的形成，至少有三个方面的好处：

第一个方面的好处是，可以通过生物钟、条件反射自动提醒你自觉地去做应该做的事。比如每天早晨及时起床，自觉地为上学做好一切准备；上课铃声一响自觉跑回教室做好上课的准备；放学回家，每到广播英语或电视英语节目时间，就自觉地打开收音机或电视机。这些事情，对于一个有良好习惯的人来说，几乎都是靠生物钟、条件反射来自动控制的。如果不是靠习惯，这许许多多看似平常的事做起来就会手忙脚乱，甚至丢三落四，使你被动，心烦意乱。

第二个方面的好处是，可以发挥下意识的作用。下意识的特点直接受习惯的支配。一般人都有这样的体验：吃完早饭准备上学，刚一走近自行车便随手掏出钥匙，接着打开车锁，然后朝着学校的方向前进。这些动作几乎连想都没有去想。这是下意识在发挥作用。同样的道理，一个具有良好学习习惯的人，他的下意识会随时随地支配他按照平时习惯了的套路做那些与学习相关的事，使之在不知不觉中，事情做得轻轻松松，有条有理。好的习惯一旦养成，便可终身受益。世界上著名的"铁娘子"英国首相撒切尔夫人在谈及习惯时说："有时事务太忙，我也可能感到吃不消，但生活的秘诀实际上在于把90%的生活变成习惯，这样你就可以习惯成自然了。毕竟你想都不用想就去刷牙，这是习惯。"撒切尔所说的"想都不用想"，实际上就是受习惯支配着的下意识在发挥作用。

第三个方面的好处是，可以充分调动潜意识为学习服务。潜意识的特点是直接受人的情感和需要支配，受情景因素的影响。大多数学生都有这样的体验：心里已经清醒地意识到，嘴上也在说"贪玩不利于学习，今后不再贪玩了"，可是鬼使神差地又贪玩了。为什么会这样？这实际是潜意识在支配他，是他的潜意识中有一种强烈的贪玩的渴望。一个养成了良好学习习惯的人，他对学习有一种亲和心理，他从心底里把学习当成了第一需要，当成了乐趣，不学习便难受。"贪玩"的人拖他去整天打麻将、玩游戏机或打保龄球，他会感到没意思、无聊、难受。即使出于锻炼身体的需要或者不得已而逢场作戏，他的心思也仍然始终在学习上，甚至连睡眠做梦的内容也都与学习相关。这也是潜意识在发挥作用。潜意识的作用非常大，一些科学家、文学家、艺术家之所以能在休息的时候，甚至在睡眠的时候产生灵感，都是因为他们的潜意识和外界刺激，与自己不懈寻觅、孜孜以求、长期探索的问题之间保持着必然联系。剑桥大学的哈钦森在他的调查材料中说：有70%的学者承认在自己创造性的科研活动中，梦境发挥了重要的启示作用。近代哲学之父——笛卡尔认为，自己1619年11月10日晚上3个互不联系的梦造成了他生活的转折，梦境使他形成了关于方法论和数学物理方面的基本概念。19世纪60年代，德国的化学家凯库莱坐在书房中打瞌睡，梦中揭示了苯的分子结构之迷。1869年，俄国化学家门捷列夫在梦中看见了他日思夜想的元素周期表。为什么两位化学家能够分别梦见苯环、元素周期表，而普通的农民、商人却梦不到？答案很简单，就是因为前者具有这方面的潜意识而后者没有。

二、应该着力养成良好的学习习惯

在了解良好的学习习惯对人生的意义与作用以后，很有必要搞清楚作为学生应该着力养成哪些良好的学习习惯。这里介绍五种好的学习习惯，作为同学们努力的方向。

（一）一心向学

一心向学的习惯，是所有的学习习惯中最重要的习惯之一。这个习惯一旦养成，人就会自动自觉地把万事万物都与学习联系起来，感观便会成为知识信息的扫描仪和接收器，大脑便会成为容纳知识百川并且对其进行过滤、加工、再造的法宝。同时，会感到生活到处都有乐趣。

具有一心向学习惯的人，能够充分地利用时间。这种人在看书、看报、看电视乃至做一切事情时，都能把注意力的"光圈"调到与学习相关的"目标"上去，能够利用所有的闲暇时间直接或间接地做与学习相关的事。只要你注意观察就不难发现，知识分子，尤其是有所追求的知识分子，在看电视时大多倾向于看与知识、信息、时事相关的节目，看与自己所从事的业务相关度大的节目；而一般工人、农民则喜欢看武打、枪战、歌舞、杂谈之类的节目。对电视如此，对其他传播媒介也是一样。教育改革家魏书生老师曾经讲述过一段他亲身感受的故事：在机场候机室里，广播里传出了飞机因故迟飞两小时的消息。一般乘客心急如焚，怨声迭起；而魏老师则心静如水，同平时在办公室里一样，利用这两个小时构思文章。有一心向学习惯的人，通过这种日积月累，把时间转化成了知识，知识转化成了智慧，逐渐形成了优势。

养成一心向学习惯的人，最能调动潜意识的作用。科学家巴斯德说："机遇只偏爱有准备的头脑。"一心向学的头脑便是有准备的头脑。同样是水壶，普通人烧出的是开水，而瓦特却烧出了蒸汽机；同样是手被草叶子拉破了，普通人只会想到埋怨草的无情和自己的粗心，而鲁班却拉出了锯子；同样是看到苹果从树上掉下来，果农见了只感到心疼，而牛顿却由此发现了万有引力定律。造成这种差别的根本原因是什么？答案只有一个：就是瓦特、鲁班、牛顿平时一心向学。所以，这些自然界的微弱刺激便激起了他们灵感的火花。

（二）专心致志

专心致志的学习习惯，是学生最应该养成的基本的学习习惯。心理学上曾有人做过对比研究：请来两组知识能力大致相同的学生，让第一组的同学边听故事边做简单的加法习题，而第二组也做同样的两件事，但是两项内容分开进行。同样的时间后，检查加法习题的结果，并请每个人复述听过的故事。结果是：第一组习题与故事复述的错误率都明显高于第二组。由此看来，一般人不可能同时高质量地做好两项或两项以上的事情。如果硬要同时做，必然使每件事的质量都有所降低。不信你可以立即检验：左手右手各拿一支笔，一手画圆，一手画方，双管齐下。其结果必然是圆也不圆，方也不方。古语"目不能两视而明，耳不能两听而聪"，说的就是这个道理。

不可否认，生活中确实能找到一心二用的例子。比如：老师能一边讲课一边观察学生，司机能一边开车一边哼小曲，家庭主妇能一边看电视一边织毛衣，摇滚歌星能一边唱歌一边跳舞，农民能一边铲地一边说笑话，等等。这在心理学中叫做注意的分配。注意的分配不是任何人、任何时候都能做到的，这要求一些条件，其中最重要的是：同时进行的两项或多项活动，一般都是比较熟悉的，最多只能有一项是不十分熟悉的，而其他与之同时进行的活动要达到几乎自动化的程度才行。仔细分析一下上面所举的例子，无一不属于这种情况。就拿司机来说吧，行车路线必须是熟悉的，小曲必须是比较熟悉的。假如他第一次开车进入一座陌生的城市，他就难以做到边开车边哼小曲，否则，非出车祸不可。

在电视节目中，我们曾经看到京剧演员一边唱京剧一边写毛笔大字。从表面上看，这些事情的难度都比较大，实际上这是长期训练的结果。对于表演者来说，所表演的内容都是非常熟悉的。

综上所述，我们可以得出这样的结论：一心二用不利于提高学习效率，学习应该专心致志。

专心致志，主要包括以下两个方面：一是要致力于主攻方向不分神。就是在一定时期内紧紧围绕主攻方向，安排学习内容，除学校组织和提倡的健康活动外，一切与主攻方向相悖的、不相关的、劳神费时的事情都尽量不要涉足。诸如打游戏机、赌博、过多地读课外书籍和过多地看电视等。二是全神贯注不溜号。上课时要全神贯注地听讲，做作业时聚精会神地思考。对于一切与学习无关的事情能够做到听而不闻、视而不见。有些同学上课时精神溜号，讲话或摆弄东西，甚至做一些与学习毫不相干的事情；课后做作业，一边听歌一边写文章、算题，哪里说话都搭茬儿，或者故意插科打诨、耍怪逗哏。这些做法都是与专心致志的学习习惯背道而驰的。

(三) 严格执行学习计划，坚持定时定量

严格执行学习计划，坚持定时定量的学习习惯，是克敌制胜、实现目标的法宝。谁能根据奋斗目标制定出科学的计划，并且定时定量地完成计划，谁就能无往而不胜。一般说来，目标比较容易确定，计划也比较容易制定，难的是定时定量地完成学习计划。这就是通常所说的"知易行难"。

定时学习是完成学习任务的时间保障，是顺利完成学习计划

第五章

建设良好班风

的前提之一。定时学习，包含两层意思：一是每天必须保证必要的学习时间，二是到了该学习的时候马上学习。人脑也像机器一样，功率是一定的，不可能在极短时间内把大量的学习内容输入到大脑里去，因此，学习需要"长流水不断线"，需要安排足够的时间。一个人只要一日三餐，常年不断，虽粗茶淡饭，也不会影响身体健康；如果饥一顿饱一顿，虽吃山珍海味，也难有好体格。与此相似，知识必须日积月累，才能武装出聪明的头脑，如果三天打鱼两天晒网，必然事倍功半。俗话说"不能一口吃个胖子""不能一锹挖个井"，讲的都是这个道理。因此，定时学习是完成学习计划的前提。

定量学习是完成学习任务的基础，也是完成学习计划的保证。学习计划是通向学习目标的道路，定量地完成学习计划，就等于在这条道路上不断前进，在计划的指导下，当知识的量达到一定程度时，便实现了目标。没有量的积累，便不会有质的飞跃。知识积累的总量是由每日、每时学习的分量累加起来的。受学习规律的制约，获取知识的日分量值只能是 0~1，1 为英语中 limit（极限）一词的首字母，表示人在一天之内所能获取知识量的最大值。尽管这个值是因人而异的，但对于大多数人而言，差异不大。假如，一天之内，最多可以学会 100 个汉字或 100 个外语单词，这个知识量即为日分量最大值。实现计划目标的知识总量是由日分量的累加而得出的，当日分量值全为 0 时，知识的总量也为 0；当日分量值全为 1 时，知识的总量为最大值。由此可见，只有每一天都定量学习，才能获得较好的学习成绩。因此，定量学习是完成学习计划的保证。要想保持优异而稳定的学习成绩，就必须养成定量学习的习惯。

定量学习主要包含三层意思：一是记忆先行，每天必须完成一定的记忆任务，内容包括外语的单词、语法，数理化的定理、定义、公式，语文的字、词、语法、修辞，等等；二是必须完成规定的作业，把所学的课堂教学内容（包括例题和习题）弄懂、弄通；三是复习领悟，使以前所学的知识融会贯通，运用自如。在完成上述三项任务的情况下，可选择做一些课外的数理化习题，做一些外语的阅读与理解练习和听力练习，进行语文的作文写作训练。需要特别指出的是，这几个层次不能颠倒。

然而在实际的学习生活中，许多学生的学习却缺乏应有的计划，既不定时，也不定量，从形式到内容全是被动式的，老师推一推，他就动一动。在学习的时间安排上，总是先松后紧；在学习内容的安排上，喜欢搞临考突击。往往是老师留作业，就做一做，不留作业、没有要求的，就概不理睬。记忆内容欠账，复习欠账，导致知识的链条断档，老师讲课跟不上趟儿。这样学到的知识，不但数量少，而且质量差，往往是"水过地皮湿"，经不起严格的检验。也有的同学，在该记的没有记住、该懂的没有搞懂之前就忙于去做课外难题，题是勉强会做了，但没有掌握规律，没有抓住根本。

（四）认真思考

养成认真思考的良好学习习惯，既有利于提高学习的质量，又有利于培养人的各种能力，尤其是有利于增强人的发现、发明和创造能力。认真思考的学习习惯，是学生比较高级的修养。

第
五
章

建设良好班风

养成认真思考的学习习惯，至少有以下三个好处：

第一个好处是，认真思考的学习习惯可以加深对知识的理解和记忆。通过认真思考，可以把感性认识上升到理性认识，找出所学知识之间的相互联系，把分散的知识点整理成有机的整体，从总体上把握知识体系。这种思考，在初学一章一节时，显得不是那么重要，但随着学习的深入，随着相关知识量的增加，这种思考显得越来越重要。思考的过程，便是一个归纳整理的过程，通过思考可以加深理解，有利于充分消化吸收。

第二个好处是，认真思考的习惯有利于对书本知识批判地吸收。"青年人相信许多假东西，老年人怀疑许多真东西。"这是德国谚语，不是普遍真理，然而它却指出了值得注意的倾向。历史上有些重大错误，就是这两种倾向相结合的产物。因此，养成认真思考的习惯，可以防止"读死书"和"死读书"，不仅能鉴别和选择书籍，而且还能够死书活读。在读书时，不论是业务知识还是思想观点，都能批判地吸收，正确的予以肯定吸收，错误的加以否定扬弃。明代有一位医生给病人开了一服药，并关照说，在煎时加一块"锡"。一位叫戴元礼的医生听了后狐疑顿起，赶去寻问。那医生翻开书说："书上是这样写的嘛！"戴元礼仍疑云未消，找了很多书对照，发现"锡"乃"饧"字之误，前者为重金属，后者为糖，从而纠正了医学上的一大错误。可见，思考对于批判地吸收别人的东西是何等重要。孔子说："学而不思则罔，思而不学则殆。"罔即迷惑，殆即疑惑。孟子说："尽信书不如无书。"孟子所言之书，是专指《尚书》，今天可以理解为：对书本知识不可以全信，而应该批判地吸收。清代学者王夫之说："致知之途有二，曰学，曰思。"这都是在强调养成认真思考习惯的重要性。

第三个好处是，通过思考可以不断解开疑团，激发灵感，从而有所发现，有所发明，有所创造。科学家爱因斯坦，在整个科学生涯中，始终信奉"怀疑一切"这句格言。正是凭这种"怀疑一切"的精神，爱因斯坦提出了划时代的"光量子"概念，创立了相对论。明代医药学家李时珍读书善于思考。在研究古书时，他发现诸家说法不一，相互矛盾之处甚多，于是决定采其精华，正其谬谈，使之是非有归。经过深入实际考证研究，他为1000多种药物重新作出了科学结论，同时在《本草纲目》中还增辑新药300多种，新方8000多条。

培养认真思考的学习习惯，应注意以下几个方面：一是对所学的新知识，通过思考找出它与以前所掌握的知识之间的联系和区别，使知识形成体系，从而加深理解和记忆；二是对于思考过程中发现的不懂、不理解的问题，及时向别人请教；三是把请教仍然得不出正确答案的问题，暂时存于头脑中，日后再继续探索。

（五）讲究学习卫生

相关研究表明，造成学生身体素质下降的原因是多方面的，但是不注意学习卫生却是主要原因之一。养成讲究学习卫生习惯，重点应克服以下几种不良习惯：

（1）克服有劳无逸的习惯。人的耐力是有限的，打破限度就会造成永久性损伤，尤其是眼睛，视角长时间固定在一个范围内，最容易引起眼肌疲劳，造成假性近视，甚至发展成真性近视。因此，在学习时应该注意劳逸结合。每学习一个小时以后，休息十分钟，做一些锻炼身体的运动，及时消除大脑和眼肌的疲劳，防止造成疲劳积累，提高总体学习效率。在实际生活中，有些学生，一旦学习热情上来了，就废寝忘食，有劳而无逸，得到一本好书，就一口气看上几个乃至十几个小时。学习起来，不感到累就不休息，不感到困就不就寝，劳逸不结合，睡眠不定时。这种学习习惯，天长日久必将对身体产生负面影响。

（2）改掉躺着看书的坏毛病。躺着看书，很难控制书与眼之间的距离，也难以控制视角；躺着看书时大脑局部受压迫，血流不畅。因此，躺着看书、看电视，容易引起眼睛疲劳，时间稍长，眼睛就会有一种干涩的感觉，严重时就会造成视力损伤。除了注意不要躺着看书之外，还应注意不要在光线过强或过暗的地方看书。有许多人喜欢躺着看书，感觉躺着看书舒服、不累，其实这是一种错觉，躺着看书最容易疲劳、犯困。经常躺着看书，不仅会对视力造成不良影响，而且还可能因为条件反射，引起习惯性失眠。

（3）克服闭目思考和躺在床上思考的不良习惯。闭目思考或躺在床上思考，对思考本身没有什么影响，但是这种习惯对睡眠和健康有不良影响。有的人什么事情想不通，就晚上躺在床上思考，结果往往是问题想通了，而睡意全无了。久而久之，便形成了一种习惯，一躺下就想问题。长此以往，便造成了习惯性失眠。晚上头一贴枕头就条件反射，不由自主地想各种各样的问题，以至于不能自制。人脑的兴奋与抑制是一对矛盾，当兴奋占上风时，人就醒着，当抑制占上风时，人就睡了。俗语说"闭目养神"，其实闭目所养的神恰好可以保证你睡不着，使你的精神兴奋与抑制处于势均力敌状态，结果是一睁眼睛觉得困，一闭眼睛又兴奋。因此，切忌闭目思考或躺在床上思考。

另外，还应注意改掉边吃饭边思考、边走路边思考、边上厕所边思考的习惯。在学术界，常有人推崇欧阳修的"三上"，即利用马上、枕上、厕上的时间构思文章。其实"三上"作为一种治学精神值得提倡，但作为一种治学方法不宜效法。

三、怎样养成良好的学习习惯

明确了养成良好学习习惯的意义，并了解哪些学习习惯是好习惯、哪些学习习惯是不良习惯以后，就应该自觉地培养好习惯，克服不良习惯，让好习惯伴随终生，让不良习惯尽快与你告别。要养成良好的学习习惯，可按下列步骤进行：

第一步：耐心启动，逐渐加速。会开车的人都有这样的体验，天气冷时，车打着火后要过一会儿才能快速行驶，一打着火就快速行驶反而更容易灭火。一个人培养习惯也是如此，要循序渐进。一开始先朝着理想目标动起来，一次行动的价值要超过一百句口号、一千次决心。一个学生，在前进的道路上，如果能说到做到，便很了不起。久而久之，便习惯成自然了。俗话说："有志者，立长志；无志者，常立志。"为何常立志？原因是：很想好好做，就是做不好。因此，要养成良好的学习习惯，第一步就要说到做到，坚定不移。计划每天要记 10 个英语单词，就一天不落地去记；认识到写字潦草、做题马虎这些毛病，就在写字、做题时严加注意，确保字字工整，题题复查；意识到了不良学习习惯的危害，就自动自觉地克服；制定了学习计划，就定时定量地去完成；决心使自己的学习成绩在全班、全校的排名前移，就要千方百计地挖掘自己学习的潜能。

第二步：控制时空，约束自我。人的行为，很大程度上会受到情景因素的影响。比如，一个中小学生，已经认识到打游戏机的负面影响了，不想再打游戏机了，可是，一走进游戏厅就忘乎所以了，就把握不住自己了。因此，在习惯形成的过程中，在自己的自制力还不十分强的情况下，应从控制自己的活动时间和活动空间入手来约束自己的行为。在时间上，从早上起床一直到晚上就寝，都安排满有意义的学习内容和活动内容，不让一日虚度，不让一时空耗。在空间上，严格控制自己的活动范围，歌厅、舞厅、游戏厅、录像厅、台球室等游乐场所，无论自己多么好奇，无论别人怎么引诱，也不要去。

第三步：偶有偏离，及时调整。在良好学习习惯的养成过程中，或者在不良习惯的克服过程中，容易出现反复、拖拉、敷衍、放任、跟着感觉走等现象。这就要求自己要严格监督自己，发现偶有偏离，立即作出调整。比如，发现自己的字写得不工整了，上课时精神溜号了，没有执行或没有完成学习计划了，躺着看书、看电视了，走路或骑自行车时思考问题了，都要立即作出调整。培养习惯，就像走路一样，发现走的路线不对，及时调整到对的轨道上去，久而久之，一条小路便踩出来了。

第四步：进入轨道，自由飞行。一定要坚持按照良好学习习惯的要求去努力，先是慢慢启动，继而逐渐加速，在行进中不断调整，最后进入轨道。这就像卫星一样，一旦进入轨道，就再也不会走走停停了，就会沿着轨道不停地飞行。进入轨道以后，你就仿佛进入了自由王国，你再不必着意约束自己，而是顺其自然，你是在做惯性运动。这时你还需要注意两件事：一是要消除外部干扰，二是要排除内部故障。外部干扰主要是那些可能使你偏离甚至脱离轨道的引力，内部故障主要是受挫折时情绪不佳而放纵自己。对付外部干扰有一种有效的办法，就是改变环境，转移注意力。当你的生活圈内有人向你施加不良引力时，你可以寻找理由暂时跳出这个圈子，消除不良引力，努力去做自己应该做的事情。排除内部故障的有效途径也是转移注意力。当你的内部发生故障，如产生忧郁、悔恨、愤懑、迷恋、惋惜、忧伤等情绪波动时，你可以通过做具体的事情来转移注意力。

有这样一种说法：学生的心田是一块神奇的土地，播种了一种思想，便会有行为的收获；播种了行为，便会有习惯的收获；播种了习惯，便会有品德的收获；播种了品德，便会有命运的收获。也有人说，行为养成习惯，习惯造就性格，性格决定命运。这些话似乎有些绝对，但良好的习惯对人生的确太重要了。习惯是一种惯量，也是一种能量的储蓄，养成良好学习习惯的人，要比没有养成良好习惯的人以及养成不良学习习惯的人具有更大的潜在能量。

第六章 如何教育后进生

第一节 了解你的学生

一、了解和研究你的学生

所谓"后进生"，在教育学以及教育心理学中都被称为"问题儿童"。"问题儿童"是一个科学概念，因为它具有明确的内涵和外延，具有精确性、体系性和整体性等特点。所以，教师要研究后进生，首先要学习特殊儿童教育学中的"问题儿童"的教育规律。问题儿童是指具有问题行为的儿童，而问题行为是指"儿童扰乱他人或阻碍自己身心健康发展的行为，即那些经常引起麻烦的行为"。问题行为可分为两类：一类是攻击型的，表现为活动过度、行为粗暴、上课不专心、不遵守纪律和规则、与同学不合作、破坏公共财物、欺骗或偷窃。另一类是退缩型的，表现为羞怯胆小、沉默寡言、神经过敏、过度焦虑、自卑、孤僻、对人对事冷漠、回避与他人接触等。攻击型问题行为具有明显的扰乱性、破坏性和对抗性，极易引起家长和教师的烦恼和厌恶。虽然退缩型问题行为对儿童身心的障碍要比攻击型问题行为严重得多，但从学校教育来说，班主任和科任教师仍把攻击型问题儿童作为教育研究的重点。问题行为产生的原因极为复杂，它与自身素质和心理状态，如需要、气质、情绪和性格等有关，也受家庭、学校和社会环境的制约，如家庭状况、学习成绩、校外交友、社会风气等，都可能成为问题行为的诱发因素。对问题行为的判定要特别注意，对那些暂时的、偶然的、经过教育能及时矫正的行为，不能定为问题行为；只有那些经常出现的、稳定的、扰乱性较大的、对学习影响较严重的、需要进行长期教育才能矫正的行为，才暂定为"问题行为"。问题行为是可以改善、矫正的，家长和教师对问题儿童应有正确的认识并进行科学的分析。对他们应持关心、爱护的态度，切忌冷淡、厌恶和嘲笑；要对问题行为的性质和程度仔细分析，然后采用相应的方法进行教育。

了解和研究学生是班主任老师做好教育教学及管理工作的前提，班主任主要面向的对象就是有思想、有自尊心的学生。实践证明，要做好班级工作，必须从了解和研究学生着手。了解和研究学生，包括了解学生个体和集体两个方面。班主任需要了解和研究学生个体的思想品质、学业成绩、兴趣爱好、特长、性格特征、成长经历以及家庭情况、社会环境等等。对学生个体进行综合了解、全面分析就能够了解学生集体。了解学生集体，除德、智、体、美、劳几方面的情况外，还要重视研究班集体的发展情况、干部状况等。具体方法可从以下六个方面入手。

（一）充满信任和爱心

要想了解和研究学生，就要信任学生、热爱学生，同时这也是教师尤其是班主任老师应当遵循的最基本的道德。从学生的心理需要上讲，爱和信任是他们最渴望得到的东西。学生渴望在充满爱心和信任的环境中成长。如果班主任能以发自内心的爱和信任对待学生，那么学生就会把班主任作为知心朋友，有什么心事就会向班主任诉说，让班主任帮他们出主意、想办法，班主任也会从中了解他们的性格特点以及在日常学习、生活中的兴趣爱好等，从而寻找出最佳的教育方法。班主任对每一个学生都应一视同仁，要善于发现每个学生的长处，看到他们的闪光点，尤其是后进生，当他们有了进步，哪怕是一点儿进步，都要及时给予表扬和肯定，帮他们树立自信心，从而促使学生在良好的发展轨道上前进。

（二）熟悉班内每一个学生

学生学习生活的良好情绪很大程度受到和老师之间的关系的影响，或者说是来源于师生之间良好感情的交流。为此班主任要抽出一定的时间接近学生。如果班主任总是以尊者形象出现在学生面前，那么，即使是一个学期、一个学年也难以熟悉自己的学生，更谈不上结合实际对学生进行教育了。如果班主任能够在很短时间内了解学生的各方面情况，把握他们的性格特征、兴趣爱好等，就能为建立良好的师生关系打下基础，从而能够顺利地对学生开展各方面的教育工作。

（三）善于观察学生

在学习及生活中，学生的一言一行不可避免地表现着他们的真实行为和思想。因此，洞悉学生的内心世界，需要长时间的、不动声色的观察，并进行多方面的验证。班主任在对学生进行观察时要注意有目的、有计划、有针对性地进行，切忌主观臆断，以免对学生心灵造成伤害。只有这样，才能掌握第一手材料，并在此基础上采取灵活有效的教育方法。

（四）善于和学生做朋友

班主任应该经常深入到学生中去，深入到学生的校内外真实生活中去，与学生广泛地接触，了解他们的内心世界、思想动态，做他们的知心朋友，帮助他们克服学习生活中的困难。班主任与学生交心要善于选择方式、技巧以及态度，并且营造恰当的气氛，以消除学生的紧张拘束感，使学生无所顾虑地倾吐真实的想法。这样，再进行全面的分析研究，才能有的放矢地对他们进行帮助和教育。

（五）重视学生的书面材料

班主任了解和研究学生的有力凭证就是学生的书面材料。学生的书面材料主要包括：学生的日常作业和日记等。我们都知道学生日常的作业与日记最能反映学生的情况。尽管学生的个性心理差异较大，但也有共性方面。他们处于世界观、人生观形成的过渡时期，可塑性大。班主任可根据掌握的第一手材料，不失时机地引导、说服和感化他们。研究学生的书面材料要建立在对学生尊重、信赖的基础上，发现问题要认真研究，分析其产生的内因和外因，找出解决问题的办法。

（六）要争取学生干部、学生家长和社会的配合

要了解和研究学生，就不能够忽视一些外在环境因素对学生的影响。学生生活环境主要是学校，但社会环境和家庭环境对学生的影响有时甚于学校教育。学生成长期正是世界观逐渐形成的重要时期，虽然他们自己想要上进，但年龄小，缺乏经验，因而不善于辨别是非、善恶、美丑和真伪，甚至还可能沾染一些坏思想、坏习气。所以，班主任就要向学生干部、家长、科任老师以及社会群众作调查了解，争取各方面的配合，找到恰当的教育学生的办法，以迅速、有效地提高班主任工作的水平。

二、了解学生的四种方法

我们都知道，只有充分地了解学生，才能更好地教育学生，了解学生是搞好德育工作的重要条件和前提。为了全面准确地了解学生，我们可采用以下四种方法：

（一）统计记载法

统计记载法是了解学生最常用的基本方法之一。其中包括学

业成绩统计，也包括其他各方面的统计，如参加劳动等为集体服务情况，迟到早退次数，教师与其谈心实施教育的记载，等等。成绩统计必要时应该较为详尽，有时甚至要详尽到某科某题，为的是使之真正为教师的查漏补缺提供依据，而不是成绩排队的需要。记载统计力求反映学生的思想素质和知识水平的全貌，以便我们的教育有的放矢，达到扬长避短的目的。我们要重视学生成绩，特别是要从成绩中看到我们本身工作的收获与不足，找准改进工作的突破口。但切忌一切以成绩为准绳，以偏概全。资料记载要尽可能具体、实事求是，避免主观地只看现象，不知本质。

（二）调查评价法

调查评价法是指对一个学生的情况掌握和了解应广泛听取各方面的意见、评价与看法，尽可能达到全面、客观、公正。这就包括周围学生的意见，从干部到普通学生，从男生到女生，从本班到外班；各科任课教师的评价，前任课教师及前任班主任的介绍，学校领导、工友的观察，还包括毕业母校教职工的意见；家访中家长的说法，街坊邻居的谈论；等等。这样的调查有利于客观地评价学生。任课教师特别是班主任看到的一般都是学生较正规的一面，受到约束的一面；有欠缺的另一面，有特长的一面就不一定看得到、看得周全，日常生活的、与他人有关的一面就不一定看得透彻。听取各方面的看法、意见，对于正确评价学生有着不可忽视的重要作用。调查和评价可以采取问卷形式，也可以采取集体讨论和个别了解的方式。

（三）自我介绍法

自我介绍法是班主任老师客观了解学生、研究学生的又一重要手段。由学生自我评价，介绍个人的志向、爱好和优缺点，是学生自我表达的一个机会。班主任能够听到他由衷的感想、呼声，能够了解学生多方面的情况，如深层次的思想境界、好恶观点等内在素质。对于自我介绍中表现出来的优点、长处，可以通过教育引导使其得到发扬；对于其中的缺点、不足，可以帮其正确认识，予以克服。

（四）考验实践法

班级内部的骨干分子，往往是通过其自身在班集体组织的活动中展露才华，脱颖而出的。为了了解学生，我们可以给他们创造一些表现自己的机会，如在组织音、体、美、劳活动时，让其单独或牵头去完成某项任务；征求学生合理化建议和意见，从而把握学生的智慧、能力、意识，达到正确认识学生和充分发挥其特长的目的。

第二节　后进生的心理探析

不论哪一个学校，哪一个班级，学生成绩总会有高低之分，不可能都是优秀的学生，后进生是不可避免的。作为一个教师，既要关心优等生，又要关心后进生。关心优等生往往并不难，许多事情，只要教师一指点，优等生便立有起色，进步较为显著，相对来说优等生各方面素质都不错，教师从感情上容易贴近，自然也关心得较多。但后进生则不然。有些后进生，不仅学习成绩不好，且生活习惯、个人性格都有与众不同之处。对某个问题，尽管教师早就指出，并反复强调过，但他仍我行我素，同样的错误不断地犯，教师的话一点儿效果也没有。这样的后进生，想让教师从心底里去喜欢他，确实是有一定难度的。但这并不是说，后进生就没思想、没知觉、没反应，就"无药可救"了。后进生的心里也有成才的欲望，也有进步的要求，也有做人的自尊，关键还是看教师的工作是否到位。作为一个好教师，更要特别关注后进生的成长；要想成为一个好教师，也要从关注后进生的成长开始着手，并且把最后的基点落在关注后进生的成长上。

一、后进生形成的主要原因

（一）家庭原因

父母的言行举止及教育方式直接影响着孩子的健康成长。有的家长没有担负起教育子女的责任，不过问子女的思想和学习情况；有的家长过分溺爱子女，对子女要求不严，引导督促不力；有的家长以粗暴的教育方式对待孩子，严重挫伤了孩子的自尊心，致使孩子站在家长的对立面；有的家庭父母离异，子女得不到温暖，给他们造成巨大的心灵创伤。

（二）学校原因

1. 某些学校片面追求升学率，不重视学生个性发展的需要。在某校的多次问卷调查中都反映出学生希望开展形式多样的课外活动。比如：文体活动、各类竞赛、集体外出活动、科技小组制作等第二课堂性质的活动。但通常校方很难满足学生这些合理的要求，毕竟现在学校主要的任务还是知识教育，因此学生产生了厌学情绪。但西方及其他一些发达国家的中小学校课程设置就与我们的课程设置大相径庭。以美国为例：上午开设文化基础课程，下午则是形式多样、适合学生个性和兴趣的选修课程，学生可以根据自我需要自由选择，而且可选修的课程多达上百种。

2. 学校教育不重视学科教学活动中的德育功能。部分科任教师只管自己这堂课的纪律，认为学生的德育教育工作只是班主任或学校政教处的事，其实任课教师与学生的接触时间比班主任要多得多。

3. 对待学生不平等，缺乏耐心和爱心。有的教师教育方式简单、粗暴，对后进生冷眼相待，批评后进生时使用尖酸、刻薄的语言，甚至使用侮辱性的语言。在这种冷漠态度下生活久了，后进生便会滋生自暴自弃的心理。还有的教师为了追求升学率，对优秀生呵护有加，对后进生置之不理，致使后进生在"后进"的道路上越滑越远。

（三）社会原因

1. 整个社会教育体制的问题。目前的高考体制使学生变成了读书的工具，使学生苦不堪言，个性得不到发展，他们的情感及愿望得不到应有的表达和满足。因此学生普遍都感到很压抑。某校曾经就有一位高三的女生试图以谈恋爱来缓解压力，最终因没有处理好某些关系而想到自杀。

2. 不良社会思潮的影响。改革开放的时代，人们的人生观、价值观随着潮流在不断变革，思想意识也在不断更新，同时也不可避免地带来一些消极因素，使部分学生受到金钱至上、享乐主义、读书无用等错误思潮的影响，偏离了健康成长的道路。其中网吧就是后进生常聚集的场所。一些学校后进生的档案表明：许多学生敲诈、打架斗殴及偷窃等行为的发生均是在网吧引发的。

3. 普通社会公民普遍缺乏重视教育下一代的责任感。例如，某公司职工培训或技能考试借用了学校的教室，学员在学习、考试之余在学生的课桌上写下了非常不健康的、带色情的词语，结果在学生中流传。可想而知，这对学生德育教育的负面影响有多大。

二、后进生的类型

后进生的提法过于笼统，是学习基础差、学习成绩差，还是学习态度差、学习方法差？是思想品德素质差，还是行为规范遵守纪律差？是个人性格、心理行为有偏差，还是智商偏弱？各种各样，不一而足，所以不能一言以蔽之，而要具体分析。

另外，后进生类型的划分由于角度不同、依据不同，分析的结果也绝不一样。有的学生从学习成绩看是个后进生，但从思想

第六章

如何教育后进生

品德看说不定倒是个优等生。

再则，所谓后进生也并不是一成不变的，他是必然要发生变化的。或则越变越差，或则由"差"变好，关键是我们的工作能否打开他的心灵之门，激起他成才的欲望，从而由"差"向好的方面转变。

一般来说，后进生大致有下面几种类型：

（一）从德智体全面发展角度看

从德智体全面发展的角度来讲，要从各个角度来分析每一个学生的优缺点，找到优点加以鼓励，找出缺点敦促其改正，真正做到德智体全面发展。有的学生虽然学习成绩长期处于班级和年级的尾部，但是却思想纯正、品德优良；有的学生在思想品德、行为规范方面很有欠缺，屡犯校纪校规，惹事生非，但学习成绩却还不错；有的学生身体奇差，稍有不慎，便增添不少麻烦，但思想品德和学习成绩却都很不错；当然也有的学生身体挺棒，品德和学习成绩都很差，所谓"双差生"，当然这样的学生是极少数，也应是教师工作的重点。

（二）从智力角度看

有的学生虽然学习态度特别好，勤于学习也特别爱学，但是却真的不聪明，反应的确较一般学生要迟钝，再加上基础不好，学习方法不对头，所以尽管学习很努力，但积重难返，成绩一直在低位滞留；有的学生智力并不差，只是因为学习态度一直不够端正，贪玩，不肯下苦功，因此成绩也一直上不来，此情况以男生为多。

（三）从心理行为看

有的学生虽竭尽全力，也难有所成，尝够了失败的痛苦，故面对学习产生厌学情绪；有的学生则平时学习尚可，但一到考试就紧张，导致行为失常，且越是大考越紧张，越失常；有的学生则认为眼下努力为时尚早，自己从小学到初中都是靠"临时抱佛脚"、拼夜车干出来的，现在"苦读"不合算，不如到时候再说，故而成绩也难有起色。

总之，对后进生要具体分析，要辩证分析，要用发展的眼光看。

三、后进生的心理

正因为后进生的类型各种各样，后进生的心理也不尽相同。后进生大致有以下几种情况：

1. 恨自己。恨自己"笨""不成器""不成钢"。这种心理主要是那些学习态度尚端正，但学习成绩总是无大起色的学生。他们不是没有拼搏过、奋斗过，却一次一次尝到失败的"苦果"，于是他们动摇了，退却了，丧失了"自信"。

2. 混日子、不正视。这种学生虽是后进生，但往往因家庭境况较好，而无紧迫感，热衷于穿名牌、交朋友、追明星、玩电脑，看到别人学习艰苦认为是不值得，且寻得"欢乐""开心"就行，得过且过，混个毕业文凭就行。

第
六
章

如何教育后进生

3. 悔不当初。这部分后进生，他们对以往由于自身的所作所为而造成的某方面"差"的状况后悔，为目前差人甚远而担忧，为找不到正确的方向而彷徨，为没有正确的"向导"而发愁。这部分人在后进生中绝不占少数。

4. 自暴自弃。自暴自弃也是后进生中一种较普遍的心理。他们认为，自己在思想品德或学习方面的"差"，甚至"双差"，如今已是积重难返，长期以来，老师已经形成了"某某是差生"的概念，我即使想努力，也未必有什么用。特别是那些"双差"生，以往也可能跟老师发生过争执，给老师留下过不好的印象，他们看自己前途一片黑暗，于是也就缺乏前进的动力，缺乏前进的目标，而采取自暴自弃的态度了。

以上四种情况，并不能完全概括出现实生活中后进生的所有类型，在实际表现中，情况更为复杂，有的是半后悔半恨自己，有的则是既自暴自弃又混日子，不一而足，这里不多谈了。

四、教育原则及对策

（一）宽厚仁爱不苛求

苏霍姆林斯基说："孩子的过失不管多么严重，如果不是出于恶意，就不应该责罚他。"后进生因其心理过程和经历过程的某些特殊性，往往比其他学生容易犯错误。因此，教师要冷静地对待这部分学生的过错。切忌讽刺、挖苦、体罚，而是要在平等、和谐、融洽的关系中同他们摆事实、讲道理，真正以情动人、以理服人。

（二）以"情"激"情"不漠视

后进生往往因其受到过他人的冷落或者漠视，觉得前途渺茫，于是"破罐破摔"，最易在错误的道路上越走越远。因此，教师尤其要关心他们，亲近他们，和他们交朋友。要多为他们办实事，使学生从一个个具体的事实中感受到教师对他们的爱，从而激发自己的道德情感，乐于接受教师的教育，并主动争取进步。

（三）平等待人不歧视

每一个学生都希望得到老师的平等对待，后进生作为一个更为脆弱敏感的群体，尤其需要教师及时发现和肯定他们的进步。因此，教师千万不要对他们另眼相看，不要对他们的成绩视而不见，听而不闻，而是要及时通过表扬来肯定他们的种种努力，从而使他们树立信心，扬起生活的风帆。

（四）适当刺激不姑息

后进生虽然学习落后，但并非心智低下，而是缺乏上进的动力。有时采用激将法刺激其自尊心，可使其产生好胜心理，他们有可能因此奋起。古代韩信之所以成为一代名将，与其少年时代受"胯下之辱"不无关系。

（五）理解尊重不讽刺

一般来说，后进生的自尊心更为强烈，他们最反感、最受不

如何教育后进生

了的就是教师的冷眼和讽刺，最不愿与看不起自己的人打交道。因此，每当学生犯了错误时，都绝不能大声训斥，而应循循善诱地和他们促膝谈心，共同分析错误的原因，并帮助其制定改正错误的措施，找到努力的方向。

作为一个人民教师，对学生特别是对后进生，要做到诚、爱、严、宽、实五字原则。

1. 诚。首先教师要努力摆正自己与学生的相对位置，要明确教师是"传道授业解惑者"，同时教师又是以学生为服务对象的，即教师是为学生服务的，教师的任务不仅是教知识、讲道理，更是为促使学生成才、成人而创造条件。要让学生相信你，愿意让你为他服务，你就必须坚持一个"诚"字，以诚待人，以诚取信。

如一位班主任王老师这样讲述他的经验：同学朱某转到我班后，对班主任存有严重的戒心，"敬而远之"，班主任王老师几次找朱某谈心，都因他保持沉默而不果。但王老师并没有因此而气馁，还是坚持找他谈心，并冒雨到他家访问；在"周记"中王老师批示要与他交朋友；王老师把他调到最前排，以提高他的学习效果；王老师主动为他免费补习语文，并想方设法为他请数学老师"家教"，由于他的数学成绩太差，几位数学老师婉言谢绝了王老师的请求。王老师的"诚"意逐渐打消了他的顾虑，他开始跟老师有话了。后来王老师了解到朱某父母都是文艺界人士，母亲长期在外地组织演出，父亲原在外地工作，调入上海后又因工作太忙，无暇照管他的学业。其实，朱某并不如传说中那么"坏"，而是因缺少管理，缺少关心和指导而在行为规范方面有所欠缺，他也不像传说中的那么"愚"，除了因一些客观原因和主观上不够努力而学习成绩较差外，其他的天资并不差。他曾经获学校电脑操作比赛二等奖，他自己会装修自行车，会装卸电脑，尤其在文艺方面还很有天分。王老师觉得对这样的学生要辩证地看，应该主动地多关心他，帮助他扬起成才的风帆。王老师鼓励他参加校艺术节的比赛，以发挥他的特长，果然他在比赛中一举夺得现代舞蹈一等奖和外国歌曲演唱一等奖。在他过二十岁生日时，王老师特意买了十六寸的鲜奶大蛋糕去祝贺。他激动地说："王老师，我一定要好好学习，争口气!"现在这个同学在各方面都有了较大进步，不少老师都说他变了，"跟换了一个人似的"。只要你诚心诚意地去为学生服务，并晓之以理，动之以情，即使"冰山"也会被你融化的。

2. 爱。教师对学生的爱，是无私的，是高尚的，这是教师一切行为的内在动力。但一般说来，教师的爱的"甘露"洒向那些聪明伶俐成绩好的学生比较多，洒向那些学习成绩差、行为规范差的学生则比较少。应该注意这个问题，以便采取不同的做法，后进生更需要"爱"。较之于优等生，后进生更需要关心，需要老师的爱的滋润。

例如某同学转学到新的班级时，成绩是全年级倒数第三名，父母也经常为这个孩子而吵得鸡犬不宁。对这样的学生，本可以按学校升留级标准把"包袱"甩下去，但他的班主任没有这样做，而是积极主动地关心他、鼓励他，指出他的问题，帮助他树立信心，解决他的实际困难。在期末考试中，这位同学成绩有了明显的进步，免除了留级的危险。

3. 严。对学生的爱要留在心中，在行动中则要表现为严格。学生犹如一棵棵正在成长的小树，既需要阳光雨露的滋润，又需要施肥、剪枝、除虫的管理，所以要严格管理，要按照学生行为规范来约束管理他们，培养他们遵守行为规范的好习惯。

学生张某，人称"牛皮糖"，"大错不犯，小错不断"，经常挨批评，经常作检查，却又经常不改。班主任老师没有就此放任自流，而是一次又一次耐心教育，与他谈心，帮他分析原因，指出他的要害问题是行为习惯太差，是缺乏坚强的意志。班主任不厌其烦一次又一次地纠正他行为上的偏差，经过一段时间的训练，该同学的素质有了较明显的提高，学习成绩也上升得比较快。

4. 宽。对学生在思想教育、行为规范方面要求要严格，但在处理某些具体问题时又要宽以待人，即使对于那些犯了较严重错误的同学也要慎重处理，不能"一棍子打死'，不能动辄定为"品质"问题，因为他们毕竟还是学生，有这样那样的缺点和犯这样那样的错误，都是正常的。在某班级中，班主任一般不给学生以处分，而是教育从严，管理从严，处理则从宽，因为这处分很可能会挫伤学生的自尊心，给他们的心灵笼上阴影，很可能会给他们带来终生的遗憾。

5. 实。帮助后进生，一方面是指出方向、找出差距、树立信心，另一方面又要实实在在地帮他们解决实际问题，一定要落到实处，一丝不苟，而不是"点到为止"。

在实际工作中，后进生的转化是至关重要的，是难点，也是重点。

第三节　如何转化后进生

一、教育措施

（一）建立后进生档案

为后进生建立个人档案，加强对他们的学习、生活、心理、行为和家庭情况的了解、跟踪，并详加记载。要求班主任、科任老师、年级组长、团总支书等负责心理疏导、学习辅导、生活的关照、行为的矫正，定期与其家长联系，掌握后进生在家中和社会上的情况，使后进生的教育更有针对性，达到更好的教育转化效果。

（二）用爱心及人格的魅力去感化教育学生

在通常情况下，后进生在思想感情上大多受过不同程度的挫折，心灵上遭受过创伤，蒙受过各种不幸。因此特别要求教育者充满爱心，用人格魅力、高尚的师德、言谈、举止、穿戴、情感（特别是对后进学生的情感）、渊博的知识、严谨的治学态度去教育和感化学生，避免采取粗暴的教育行为。这样才能对教育的效果产生显著影响。

（三）用友情弥补亲情

大部分后进生缺乏家庭温暖，特别是单亲家庭学生。因此每日每时所生活的班集体的班风和同学之间良好关系对他们来说非常重要。在班风良好的班级中，同学与同学的关系反映在既能处理好个人与集体的关系，同时也反映在能处理好个体的竞争与合作上。这样，缺乏家庭温暖的学生就会生活在一个充满真情友爱的班集体里，增强了他们的集体荣誉感，从而自觉地约束自己的行为。

（四）创造活动环境，发现他们的闪光点

教育者要善于发掘后进生身上潜藏的"闪光点"，即他们的优点和长处。后进生的缺点、错误和劣迹容易显露，粗粗望去似乎"一无是处"，但如果仔细寻找，仍然可以发掘出蕴藏在他们身上的不少"闪光点"。这也是我们在教育上经常采取的方法，即发扬优点、克服缺点和长善救失。教育者要创造活动的环境，积极鼓励后进生参加班集体组织的各项活动和社会活动。对有一定组织能力的后进学生，老师可以有意识地把活动中最重要的任务交给他们，培养他们的自信心和责任感，增进他们和其他同学的友谊；也可以有意识地让他们在同学面前做一些力所能及的事，提高他们的自信心。

（五）教育后进生要用积极的心态面对生活

一般来说，后进生对学习都不太感兴趣，课余时间更多地采用消极被动的方式打发时光：打游戏机，泡网吧，看武侠小说，忘记自己的作业，甚至逃学。班主任要对他们进行人生观和生活目的教育，提高他们对理想、前途的认识，并且一事一教育一引导，转变就表扬，达不到要求就再交流，再谈心，做到常提醒，多鼓励，多方面启迪。还可以安排一些兴趣相投的同学与他们结成学习伙伴。

（六）形成学校、家庭、社会三结合的教育网络

除加强学校教育力度外，学校还应该积极争取社会的支持和家长的配合。可组建家长学校，提高家长的自我修养和教育素养。定期召开家长会，与家长共同学习，探讨子女的教育问题。良好的家庭气氛对学生良好品德的形成有非常重要的意义。同时，校外时间家长与子女接触的时间是最多的，因此更了解子女的思想、生活情况，使教育更具针对性。学校也要倡导教育的社会性，争取得到社区各部门对学校教育的支持和帮助，开展社区教育活动，把后进生（包括其他学生）在社会上的情况也掌握起来。只有把社区教育与学校、家庭的教育结合起来，形成学校、家庭、社会协调配合的教育网络，才能使学校和家庭教育的成效落到实处。

（七）辅以严格要求

对后进生，班主任教师一定要更多地奉献爱心。在做耐心细致工作的同时，也一定要严格地教育和要求，对原则问题不能迁就。要开设讲座或开展活动，对后进生进行纪律教育和法制教育，使之不作出格的事情。有了违纪行为决不能迁就，耐心的思想教

育与严肃的纪律处理是不矛盾的，只要工作做得细，常常会得到满意的效果。

（八）对后进生教育要不怕反复，要持之以恒

在做后进生的转化工作时，班主任要有思想准备，不怕反复，即使出现反复，也要及时了解其原因，分析他们的变化情况，进一步做细致的工作。要持之以恒地关心教育他们，力争使他们真心实意地转变。只有学校、家庭、社会都来关心和支持后进生（包括其他学生）的德育教育，才能把学生的德育工作落到实处。

二、课堂教学要重视后进生

从根本上说，转化一个学习后进生，比培养一个优等生更重要，尤其是在学校全面推进素质教育的今天，重视对学习后进生的关爱和帮助，不让一个后进生掉队就显得更为重要。学习后进生的转化应从课堂教学着手，在课堂教学中应正确对待学习后进生。

（一）克服偏见，树立信心

著名教育家苏霍姆林斯基说："教育教学的全部奥秘就在于如何爱护学生，如果你讨厌学生，那么你的教育还没有开始也就结束了。"一般来说，后进生智力并非都差，但由于种种原因，他们的长处总被缺点掩盖，而得不到老师的认可，老师把

他们当作是班里的包袱，不闻不问，久而久之，他们对学习采取消极态度，有时甚至与老师唱对台戏。为了促进后进生的转化，老师在教学过程中，要树立起转化后进生的信心，要真心地去爱护这些学生，建立良好的师生关系，使他们对老师产生一种信任感和亲近感，愿意接受教育和管理。在课堂教学中，老师要对这些同学多提问，努力寻找他们的闪光点，多鼓励少批评，培养他们的学习兴趣，调动其学习积极性，使他们正确认识自己，相信自己，从而坚定信念，使他们的聪明才智得到有效发挥。

（二）分层要求，循序渐进

后进生由于学习基础不够扎实，知识衔接能力差，大部分同学都懂了老师所讲的内容，但他们还是一知半解，如果老师注意不到这一点，不顾教学实际，不考虑学生在学习上的个体差异，按同一标准去要求学生，不仅达不到预期目的，反而会影响后进生的学习兴趣和积极性，所以教师要重视这些学生的接受能力，对他们进行分层教学，向他们讲解一些简单的、基础的、容易掌握的知识，作业上开一些"小灶"，从易到难，提出目标，从简到繁，因势利导，使他们看到自己进步的希望。

（三）超前辅导，课后点拨

为了更好地使后进生顺利接受新授内容并努力赶上整体进度，老师可对他们进行课前辅导，并对辅导中用到的旧知识及时补充，以减少因旧知识而带来的学习上的困难，增强他们学习新知识的信心和能力，培养他们学习新知识的兴趣。同时，教师在课堂上必须做到既面向全体学生又兼顾后进生，新授结束后，教师要有重点地对他们进行辅导，分别点拨难点、弄清道理，安排一些他们能完成的作业，使他们同样尝到成功的喜悦。

三、为后进生创造一方精神家园

一个学生之所以成为后进生，原因无疑是多方面的。作为教师要全面了解情况，摸清学生后进的原因。马克思主义认为："人的本质并不是单个人所固有的抽象物，在其现实性上，它是一切社会关系的总和。"学生生活在现实的社会中，不论他们是否愿意，社会生活的各个方面，每时每刻都在从各个渠道潜移默化地影响着他们。其中，社会的不良影响和家庭的不良教育，都可为学生不良品德的形成提供条件。这是学生后进的外因，而这些影响要起作用，必须通过内因即学生本身。从心理素质看，后进生的独立性意向的迅速发展与认识能力低下的矛盾，使其易感情冲动，产生一些片面的、错误的认识。从思想水平看，后进生社会经验贫乏，辨别是非的能力差。总之，我们在做后进生思想转化工作之前，首先要做深入细致的调查研究，了解情况，摸清他们后进的原因和关键所在，以便对症下药。切忌那种不问青红皂白、武断地训斥批评后进生的做法，只有这样，才能和他们推心置腹，让他们向老师吐露思想深处的东西，使老师有针对性地教育他们。

第四节 转变师生关系

一、转变观念，尊重学生，建立民主平等的师生关系

在当今这个现代化的信息社会里，青少年的独立性、自主性大大增强，教师只有转变观念，尊重学生，建立平等的师生关系，才能赢得后进生的信任，增加心理相容性，帮助他们解除顾虑，摆脱消极态度。相互理解、相互信任的师生关系，可以温暖后进生灰冷的心灵，促使他们从旧的不良行为习惯的束缚中解放出来，逐渐培养起良好的行为习惯。简言之，从人格平等的基本观念出发，不是将学生视为容纳知识的器皿，而是人，是真正意义上的新生主体，是新世纪的开拓者和创造者。这就需要教师将感情的立足点完全转移到每一个学生身上，与之同呼吸，共悲欢，再度品味求知的艰辛和幸福。学生感受到教师平等待人的民主风气，会激发对教师的信任和爱戴，这样师生之间的所谓"尊卑"之别自然冰消雪融，作为教师之天敌的感情疏离与心理对峙就失去了产生的土壤，后进生处在这样的环境里，就不再有自卑感和孤独感，他们就能感受到集体生活的温暖，逐步养成良好的行为习惯。

二、转变角色，关心爱护，正确引导

用正确的心态和态度对待后进生，是做好后进生思想转化工作的基础和前提。因此我们提倡转变角色，从另一个角度看待后进生。不要总以为后进生已是"朽木"，不可雕，不要对后进生失去信心，不要总把后进生看成是"坏材料"。只要坚持用全面发展的观点认识和看待后进生，既看到他们相对落后的一面，又善于发现他们的"闪光点"，相信后进生身上蕴藏着可以成功发展的巨大潜能，他们就完全可以赶上先进生的行列。面对后进生，最有效的办法莫过于做他们的知心朋友，作为他们可以"倾诉"的对象。采取和后进生交朋友谈心的方式，和他们建立比较密切的关系，并进行及时的引导和帮助。在理解、信任和平等的基础上，真正站在关心后进生成长进步的立场上，和他们一起共度难关，努力营造一种宽松和谐的气氛，增加后进生的认同感，使后进生放下包袱，倾吐真言，从而全面了解到他们的真实情况，找出原委，并对他们身上的积极因素加以肯定，鼓励和引导他们确立新的行为目标，在交流和沟通中，不断肯定后进生新的行为模式和进步表现。这样在不断交流中，后进生就会从教育者那里吸取力量，不断进步。

班主任是班级的组织者和领导者，班主任工作的质量直接影响班级的教学和教育的质量，对学生的德育教育是班主任工作的重中之重，而对"大错不犯，小错不断"的学生的转化工作又是德育工作的难点。如何做好这部分学生的转化工作是班主任综合

素质的全面体现:

（一）因材施教，有的放矢

在日常的学习和生活中，后进生一般都会表现出各自的显著特点，而这些特点往往又是使他们落后的主要原因，要做好他们的转化工作，必须针对他们的特点做到有的放矢，因材施教。如对自卑感较强、自暴自弃的学生，班主任首要的任务就是善于发现和肯定他们的优点，使他们重新培养和树立起自尊心、自信心和进取心；对具有较强的自尊心、能力也较强而又调皮的学生切不可排斥和孤立他们，而要委以具体的工作，一方面发挥他们的积极性，另一方面提出严格要求，让他们在实际锻炼中转变和提高；对那些态度冷漠，与同学、老师和班集体有对立情绪的学生，与他们建立感情，从情入手来转化他们；对迷上某种活动的学生，不宜对他们的行动简单禁止，而应因势利导，把他们组织起来，将他们的兴趣引导到正确的方向上来；对那些同校外不三不四的人有联系的学生，首先要设法截断他们之间的联系和相互影响，再通过批评教育，提高他们的认识，监督他们的行为，促使他们痛改前非。做后进生的转化工作，必须开动脑筋，创造性地开展工作，方能收到成效。

（二）多表扬，少批评

每个学生都有他的优点和缺点，只是二者的比例不同而已。后进生也不例外，每个后进生的身上多少都蕴藏着一些优点，在某些方面存在一些"闪光点"。班主任要善于寻找和发现后进生身上的这些"闪光点"，用行动扶植他们，选择适当的教育时机。当发现某些特长时，要正确引导，精心培育，使之发扬光大。只有这样，才能调动他们的巨大的潜在能力，取得最佳的教育效果。我们不能总是把眼睛盯在他们的问题上，采取批评、处分乃至体罚等高压手段，这只能让学生暂时屈服，而且容易产生对立情绪。

（三）多主动，少被动，完善班级制度

后进生一般均为自觉性不高、自制力较差、不求上进的学生。为了让这部分学生少犯错误，"堵漏洞"非常有必要，所以必须完善班级制度，使班级制度力求全面、细化。例如早操体育委员牵头，各寝室长具体负责，督促这部分学生，杜绝出现起床迟的现象；如部分学生上课睡觉、讲小话，可以采取分组积分，违纪学生扣该学生所在小组总分的方法，让该组其他成员主动提醒督促；针对晚上溜出去通宵上网的学生，寝室长早操时直接反映给班长或班主任，及时处理；上课迟到、旷课、劳动不积极等情况也由专人负责反映，做到及时发现、及时处理。只有做到制度完善，堵住学生的违纪途径，才能做到早发现、早处理，达到教育的目的。

（四）加强正面引导，不要上纲上线

班主任老师对犯错误的学生的批评一定要实事求是，一就是一，二就是二，并且一定要和正面引导相结合；允许学生申辩，不随意夸大事实。这部分学生的过错一般来说是在无预谋、无预见的情形下发生的，分析时要实事求是，不要上纲上线，不要妄加推测，把可能性说成现实性。否则学生容易产生委屈、抱怨情绪，不能心悦诚服。多加勉励；注意心理换位；要注意分寸，留有余地。不要挖苦讽刺、乱扣帽子，造成对立；不要全盘否定、请家长或警告驱逐。

（五）反复抓，抓反复

青少年学生还处于一个变动的时期，他们的世界观尚未"定型"，认识处于不稳定阶段，辨别是非能力又差。特别是后进生，犯错误容易出现反复，这是正常现象，不应该把它看成是过去错误的简单重复，更不能认为是屡教不改或不可救药。而要善于在每次反复中看到前进的因素，并因势利导促其转化。例如，某班有两名男生，刚入校时经常买烟抽，经过教育后有悔改的表现，一次在查寝时又发现他们手拿着烟。通过调查发现是讲兄弟感情，碍于面子接了别人的烟，但没有抽。老师首先肯定了他们的进步，然后鼓励他们，相信他们一定会彻底改掉这个毛病的。这两名学生听后诚恳地承认了错误。所以班主任要善于捕捉反复中的积极因素，鼓励学生前进。反复抓，抓反复。

三、学校、家庭、社会教育三方结合，共同为后进生做好后盾工作

长期以来，在教育学生特别是教育后进生的问题上，校外教育与校内教育配合得不够，一方面，学校苦口婆心地教育后进生，另一方面，社会上不关心和讽刺后进生的现象比较普遍，从而淡

147

化了学校教育。为此，在后进生转化过程中，我们既要充分发挥学校的主导作用，又要充分利用校外因素对他们的积极影响，尤其要十分重视家庭教育的作用，做好后进生家长的工作，取得家长的配合和帮助，达到共同教育的目的。同时，后进生思想觉悟提高的过程是一个长期的、曲折的、不断反复的过程，不可能依靠一两次的谈心、说服教育就从根本上解决问题。因此，我们要冷静分析，要正确对待后进生，不能一看到后进生在前进的道路上出现的反复就斥之为屡教不改、不堪造就。在这种情况下，教师不只是"恨铁不成钢"，而需炼铁成钢。采取正确的态度和方法，不失时机地关心他们，引导和鼓励他们爬起来再前进。

俗话说："浪子回头金不换。"若要使后进生真正回头，必须要有一方和谐的精神家园作基础。因此只有真正为后进生营造一方和谐的"精神家园"，才能使他们摘掉后进生的帽子，成为一名品学兼优的好学生。

第七章　班干部管理

第一节　班干部管理办法

在学校的班级管理中，对班干部的培养与引导是极为重要的。班干部是班主任老师顺利开展工作不可或缺的助手。但更为重要的是班干部的岗位是培养和提高学生综合素质、促进学生全面发展的课堂，它应该面向每一个学生。如何使更多的学生在这一课堂里得到锻炼已引起越来越多的班主任的重视，促使他们做了各种尝试。其中"班干都轮岗制"无疑是有利于面向全体学生、促进学生全面发展的手段。但如何运作才能确有实效呢？

我们搜集了有经验的班主任管理班干部的宝贵经验以供参考：

一、班干部轮岗，就是让全班所有学生轮流担任班干部

比如：先确定岗位名称，然后组织学生竞选上岗，组成第一轮班委。下一轮则由个人自愿申报，再根据申报人员构成情况及班级工作需要，师生共同讨论确定新一轮班委，轮换周期为一个学期。为保证班级管理的有效性和学生个体发展的全面性，在班干部轮岗制操作运行过程中，要特别加强以下几个方面的工作。

1. 新的学生干部上岗前加强培训和见习。在岗的班委成员在班主任指导下开展工作，两个月以后，一切步入正轨而且已摸索出较为成熟的工作思路，这个时候，选出下一轮班委，并让他们与现任班委一起参与班级管理，在工作中观察学习，现场取经。这样原班干部在实践中充当了下一轮班干部的培训老师，为新班委正式接管所有工作做了充分的准备。这样做，主要是考虑到有些学生以前从未担任过班干部，一旦上岗，会出现手足无措的情况，易挫败其自信心，同时也会影响整个班级的工作成效。

2. 在轮岗过程中加强随机指导。岗位轮换过程中，新的班委虽然经过了"岗前培训"，但上岗后难免有一些问题和不足，班主任应时时注意把握全局，既要了解班级情况，又要掌握各名班干部开展工作的情形及他们的思想波动，适时加以引导启发，分析工作的成败得失，讨论提高工作水平的策略。特别是上岗之初的一个月，这一工作尤为重要。因此，实施这一制度并不是让班主任"放了假"，无事可做，而是加重了担子，需要动更多的

班干部管理

脑筋。

3. 做好"下岗"后的人才开发和再发展工作。上一轮或几轮班委中"退居二线"的许多学生，在实践中积累了不少经验教训，逐渐变得成熟起来，对于班级管理来说是一笔巨大的财富，对个人发展也是一个极好的铺垫。为此，可以在班内设置助理班主任，从原班干部中选拔工作出色的同学担任，进一步发展其作用，并使之得到更多的锻炼和更大的提高。同时，新一轮班干部上岗后，难免有许多新问题，而且越到最后，越剩下那些较为内向、腼腆的学生，工作开展难免有些力度不够，这样，助理班主任的设置对这些新干部的成长，对班级工作的发展又产生了新的意义。

班级内部实行轮岗制为每个学生提供了充分展示自己的舞台。由于主、客观多方面的因素，班主任常常有意无意地忽视一些较为内向的学生，注意不到他们的长处，这些学生优秀的品质与某方面的特长又常常是隐含着的；某些较为调皮的学生又常因表面的淘气而淹没了他们的勇敢、正直、热心等闪光点。这两类学生一旦拥有了施展才华、展示自我的机会，往往比别人更珍惜，更努力。

二、把机会给每一个学生

苏霍姆林斯基说："让每个学生都抬起头来。"我们说："把机会给每一个学生。"相信每一个孩子，尊重每一个孩子，为每一个孩子的发展创造契机，这是我们每一个教育工作者神圣的职责。

有一位担任十余年班主任的教师在班级内部班干部轮岗制运作实践中总结到：担任班干部，能使学生比较自觉地规范自我行为，还能培养很多有益的能力和个性品质，如组织能力、责任心等，班干部轮岗制具有很强的育人功能。具体措施有：

1. 培养领导核心。在第一学期首先要做的就是民主选举出班委，选出的班委负责开学后的前几周的工作，待到班委工作正常后才开始实施班干部轮岗制，将此后的职位和工作让贤给全班的每个组，原班委"退居二线"当顾问和评委，从而帮助小组值周班委开展班级工作，同时原班委作为全班的领导核心要有意识地分配在各个小组之中。

2. 分组与组阁。把班集体内全部学生分成大约五个小组，每个小组作为新一届的内阁负责 2~4 周的全部班级工作，其中每个人分别负责体育、卫生、纪律、宣传等一项或多项工作，同时将擅长美术、书法、文娱、体育的同学尽量平均分配到各个小组中去。小组值周班委可以优先竞选班长，通过竞选产生出全面负责的班长，竞选后上任的班长开始在小组内组阁，利用班会时间向全体同学公布每个人的职务，以便有针对性地开展工作。

3. 负责的范围和权限。小组中每一个值周班委，对一周内分管的班级工作都要有细致的记录，都要进行大胆的管理，每周结束后，每个值周班委对分管的工作都要在周一的班会上进行总结，针对所负责的工作指出全班同学或突出的个人在行动上的优缺点和努力方向。在小组值周班委工作中，要给每个班委以奖罚权，执行奖和扣分的政策，让值周的每个班委及时表扬和奖励表现较好的同学，在值周期间如发现同学的缺点和错误，要通过扣分等措施进行制止。

4. 职位互换。等到下一次该小组再值周时必须对原职务进行调换，从而有利于每个学生得到全方位的锻炼，同时也充分体现了机会均等的原则。

5. 对小组值周班委的评定。学期结束时，原班委的评委和顾问们要对每个小组值周班委进行评定和打分，将此分记入每个人的德育量化考核中。通过对每个人工作的评定，可以督促学生行为规范的养成和管理能力的提高，让学生在学会求知、学会做人、学会共同生活中有一个追求完美工作业绩的尺度。

三、班干部轮岗制怎样避免形式化

班干部轮岗制的施行有很积极的作用，它是促进全体学生全面发展的有效手段，但是若操作不好，很容易流于形式，甚至给班级工作的开展造成困难。怎样避免"班干部轮岗制"的形式化倾向呢？

1. 高度重视并精心组织班干部的"民主选举"和"民主评议"。选举前，应加强对民主选干的意义、班干部岗位设置等方面的宣传，使全体学生都认识到民主选举是一场公平的竞争，认识到自己有能力做好某项工作，能胜任某一职位，从而激发他们的内在积极性，唤醒他们的参政意识，并端正他们的"官念"；选举时，要让竞争者登台发表竞选演说，回答同学质询，并采用记名投票的方式进行民主选举；任职期满，要利用班队活动和晨会时间组织班干部述职，向同学们汇报工作开展情况，并让学生对他们的工作作出客观、公正、全面的评价，以纠正班主任对班干部以偏概全的认识，减小对班干部的偏爱，使班干部自觉接受同学的监督，养成为同学、为集体服务的观念，不断增强班集体的凝聚力和向心力。

2. 注意班干部队伍整体的性别匹配比例和性格类型比例。根据既定岗位储备班干部的时候要注意保持适当的男女比例和类型比例，努力克服任用班干部"重女轻男""重智育轻它育"的倾向，应大幅度起用或多或少存在这样或那样缺点的学生，尤其是男学生担任班干部，尽量减少班干部"女强男弱""智强它弱"的现象，以最大限度地发挥他们各自的优势和特长，更好地适应班队工作的多样性。

3. 适当保留部分班干部骨干。班队管理过程中都有它内在的规律，班干部工作同样也是一门学问，所以，即便在班主任的指导下，新当选的班干部也未必能顺利地开展好各项工作。因此，进行干部轮换时，可以通过连选连任的方式，适当保留原有班干部中的 1/4 至 1/3 继任新的职务，以便于新老衔接，保持工作的连续性、稳定性。

4. 关注后进生。每个学生都享有受教育、受锻炼的基本权利，关注后进生是尊重学生享有这些权利的重要指标，我们应该想方设法创造机会，让后进生尝试担任一定的职务，使他们在为同学服务时克服弱点，体验成功，实现自身价值。对于顽皮的学生，可以选那些明是非、讲道理、有能力的担任班干部，并通过工作加压、角色期待的方式，使他们实现自我完善，不断取得进步，进而影响和教育一批学生。

5. 加强对班干部的培养。应该明确这样一种说法：班干部岗位工作是学生学习服务、学习民主、培养能力的主课堂，而不是减轻班主任工作负担的一批能做杂事的"助手"。实际工作中，有些班主任很少考虑对班干部的培养，甚至将他们置于同学的对立面，如检查纪律、监视学习。这会给班干部的自身成长带来较多的问题。因此，班主任应坚持班干部使用和培养并重的原则，加强对他们的培养，通过开办班干部学校、跟踪辅导、以老帮新、活动示范等方式，培训班干部的工作能力、服务意识、责任感等，同时注意扶放结合，随年级升高而渐渐放手，逐步培养他们工作的独立性、自主性和创造性，使他们学会做人，学会做事，学会管理，促进他们全面发展，健康成长。

四、尝试多选几个班干部

在一个班级中应多设置几个职位，多选拔、培养几名班干部，这样至少有以下几点好处：

1. 减轻每名班干部的负担。一个班级组织虽小，但工作却不少，如收发各科作业、负责打扫卫生、组织文体活动、敦促学习、记录班级日志、向科任教师反馈教学信息等。如果班干部人员太少，就会出现一人身兼几职的情况，这样就容易影响学生的学习和工作。

2. 有利于班级管理。如果班干部较多，每个人的工作内容单一，工作目标明确，则容易把工作做细、做好。同时，班干部一

第七章

班干部管理

带头，很快就能形成一种风气，产生较大的影响力。

3. 有利于全体学生共同发展。培养学生担任班干部，是培养学生能力、提高学生素质的一种很有效的方法，如培养其组织能力、管理能力、社交能力、语言表达能力等，还可培养其关心集体、关心他人、乐于奉献、积极进取等优良的思想品质。多培养班干部或让学生轮流担任班干部有利于多数学生全面发展。

第二节　有效管理班干部

一、班主任应加强与班干部的沟通

在班集体的管理过程中，及时发现、教育和培养好班干部，是管好班级重要的一步。而与班干部保持良好的、经常性的沟通，是完成此项工作的关键。但是，大部分的学生干部在心态和行为等方面与班主任老师存在诸多隔阂，两者之间的沟通有一定的难度，从而给班级管理带来不便。

（一）树立"导师形象"

班主任老师要经常与班干部一起分析、研究班级内部的实际情况，直到他们制定工作计划，制定班级工作总目标，弄清完成各项工作的有利和不利因素以及可供选择的办法等。如指导班长主持召开主题班会，初期，先帮助拟好提纲性发言稿，供"照稿宣读"；后来要求按拟好的提纲性发言稿主持发言；再往后就要求能根据班会的具体情况，随机应变地即席主持发言。有了基础后，就可以交付整学期的工作管理，让他按要求独立进行，班主任则在班会上做一位细心的听众、观众，协助班长决策，而不是插手干预，从而使他有了完全放开手脚、施展才华的机会。

（二）推行"言谈落笔"

班主任老师每天的工作对象是几十个活泼好动、充满活力的学生，要做的工作千头万绪，而班干部的上课及活动时间也排得非常紧凑，这就给双方沟通造成一定的困难。班主任可以把来不及当前说清的话或不想说的话写下来，然后在正式或非正式场合下交给班干部，其"震动性"作用是明显的。"把话写下来，话的份量便会增加。"如每学期初，班主任给每位班干部配发相应的工作记录本，明确写好"主要职责"，要及时记录工作开展情况和感想等，每逢班委集会，班干部就携带各自的工作记录本，交流工作经验，提出遇到的问题，商议解决问题的办法，陈述工作中的收获，记载最新的工作任务部署。这种做法对班干部的能力培养和思想教育是相当显著的。

（三）营造"聆听气氛"

作为一位班主任老师，可能已经习惯了平日里在班上以自己为中心的发言，一旦让自己坐下来细听别人诉说，尤其是别人还说不清楚时，便成了件别扭的事。班主任必须设法让自己与班干

第七章

班干部管理

157

部一起，尽力使班级管理的各个环节都笼罩着一种"聆听气氛"，并致力于让大家觉得那样做是很自然的事。待习惯后，班干部只要遇上事想找人商谈，自然就会来找班主任了。而要达到这个目的，关键是要充分抓住班干部会的聚议机会，使大家都学会留心听别人发言，使发言者充分感觉到自己是受到重视的。"聆听气氛"下的班干部能充分体验到自己的学习、生活和工作并非完全受班主任控制，他们真正拥有一片独立自主的空间，这样一来，班干部无论是遇事能顺利解决还是不知所措，或是做事失败还是寻求帮助，都能在一个"聆听气氛"中轻松自如地向老师诉说。

（四）尝试"平行交谈"

"平行交谈"一词的意思原指：父母与子女一面一起做些普通活动，一面交谈，重点放在活动上，而不是谈话内容上，双方也不必互相看着对方。它的最初来源是心理学家罗恩·塔菲尔《用心去教养子女》一书。班主任与班干部沟通时，用"平行交谈"法进行，往往能引起好的回应，这种非面对面的谈话，会让师生都感到轻松、舒畅。这种交谈的机会，能从几乎所有共同相处的活动中获得，如一起骑车行进在上学或放学的路上，一起散步或坐下来闲聊，一起参与体育活动或野炊等课外活动，在不同的机会中，常会因活动进行中的某个细节或话题，转谈到某位同学、朋友或班级情况，以随意闲聊的形式，不时严肃讨论。工作实践表明，"平行交谈"所涉及的内容常是班干部最真挚的心语，且这种"润物细无声"的沟通效果十分明显。

二、培养班干部的管理能力

班集体是教育培养学生的最基本的机构组成单位，是培养学生全面发展的一个摇篮，在班级管理中应注重培养班干部的管理能力，充分调动学生管理班级的积极性，这样一来既培养了学生的管理能力，又能让班主任在以后的工作中省心、省力，还能培养出一批富有创造力、全面发展的人才。

（一）根据具体情况，选拔班干部

新接手一个班级的时候，必然要先了解清楚学生的具体情况，而选拔班干部就更需要了解哪些同学在小学、中学担任过什么样的职务，同学、老师评价如何等，有了这手资料，选拔时方向就比较明确，可以少走些弯路。当然，情况不太了解的，就要靠老师在平常与学生的接触中去分析、去发现哪些同学适合担任班干部。譬如，某班的班长就是一个曾经在小学担任过班长，组织能力强，并且胆大心细的学生，缺点是太凶，经常不能以理服人。了解了这些情况，班主任认为组织能力强、胆大心细这两个条件很重要，至于那些缺点在今后都是可以通过教育改善的，于是确定了班长。

（二）培养目标，着重培养班干部的学习能力和创造能力

首先，班干部要协助班主任老师管理好班级，自身素质也要高，这就是说：要求别人做到的，自己一定要做到。要达到这个

标准，班主任就应激励班干部主动接受各类行为规范教育，让他们能够自觉地用学生日常行为规范来约束自己，只有这样，才能树立长久的威信。其次，班主任还要丢弃一些传统的陈旧观念，如家长观念，要能考虑到每一个班干部的个人特长，让他们有自由发挥的空间，积极培养他们的自主性，而班主任最好扮演一个知心朋友的角色，起帮助和监督作用就可以了。譬如，在召开班委会时，班主任总是让班长去通知，会议议题也告诉班长，由班长担任主持人，这样一两次后，他们就能自行主持会议，以后，班主任只是作为列席代表参加会议而已，班级的大小事务处理都由班长牵头、其他班委具体负责，真正实现学生管理学生的目的，体现班级管理自主性。第三，在学校安排的活动和班级自己组织的活动中，班主任要能够多听取意见，提出综合性的、合理化的建议，尽量发挥他们的创造力。不过班干部开展工作并不是一开始就能一帆风顺的，只要班主任能为他们掌好舵，再大的风浪也能挺过来。在各项工作开展中，班主任的个别指导非常重要，譬如，文娱委员开展文娱活动，常常需要全班同学参加，在召开全班会议时他的发言应该具有很强的煽动力，才能调动全班同学的积极性。班主任可以事先听取文娱委员的想法和说法，在不足之处给予指导，可以避免混乱。第四，每一个班干部的培养教育虽然凝结了班主任的许多心血，但我认为班干部最好还是不搞"终身"制，而应该创建一个优化的动态过程，让同学们感觉到班级中的每一个学生都有希望成为班干部，而每一个班干部都要有危机感：如果我不努力，将会有其他同学顶替我的位置。另外，为了能让更多的同学尝试当班干部的滋味，实行执周班长和执周卫

第七章

班干部管理

生委员两周负责制，可调动学生的积极性，效果也很显著。

(三) 班级管理制度化，创建群体管理方式

在逐步实施既定的培养目标的同时，班主任老师要对班级管理办法作出一定的规定，如班级公约、奖罚制度。建立相应管理体系，如班长、副班长是班级管理体制的主管；学习委员、各科代表主管学习等。另外，还要发挥共青团组织在班级中的管理作用。这样一来，班级中的绝大多数人都能成为一项工作的管理者，同时自己也是其他管理者的管理对象，形成一种人人平等、人人有责、相互牵制、相互竞争、相互促进、相互交融的良好机制。这样的管理方式既有别于班主任一统天下的管理方式，又区别于随意性、放羊式的管理方式，它可以说是在班主任的指导下，全体学生共同参与实施的班级管理制度，它的好处是能够调动所有同学的积极性、主动性，人人有事做，事事有人做，使每一个同学都能成为班干部，提高管理能力，使每一个同学都能得到全面发展，达到培养班干部自主管理班级的目的。

总体说来，每一种人才的培养都应该是有计划、有目的地进行的，每个实施培养目标的人的观念是影响被培养者的关键，作为教师，既是人类文化的传播者，又是教书育人的主体，要为国家培养人才，就要更新观念，作为班主任更要不断更新传统意识，要让自己的意识能跟得上时代前进的步伐，放眼未来，培养出顺应时代潮流的、面向世界的新一代人才。

第七章

班干部管理

第三节　班干部管理中的心理效应

班主任要注重运用心理效应，加强班委会的建设和管理，充分发挥班干部在班级管理中的重要作用。本节从责任分散效应、共生效应、权威效应和空白效应四个方面进行论述，以期能够使班主任工作更加注重落实人本思想。

"一个好汉三个帮"。一个班级要有凝聚力和良好的班风，单靠班主任是不够的，还要依靠班主任的"左膀右臂"——班干部。有经验的班主任十分注重运用心理效应，加强班委会的建设和管理，充分发挥班干部在班级管理中的重要作用。

一、正确认识"责任分散效应"，明确班干部职责

关于责任分散效应，有一个十分生动的事例：

1964 年 3 月 13 日 3 时 20 分，在美国纽约郊外某公寓前，有一女子下班回家遇刺，当她绝望地高喊"救命"时，附近住户听到喊声亮起灯打开窗户，凶手吓跑了。当一切恢复平静后，凶手又返回作案，当她又喊叫时，附近住户又打开灯，凶手又逃跑。当她认为已经无事，回到自己家上楼时，凶手又一次出现将她杀死在楼梯上。在这个过程中，尽管她大声地呼救，她的邻居中至少有 38 人到窗前观看，但无一人救她，甚至无一人打电话报警。

这件事引起纽约社会轰动，也引起社会心理学家的重视与思考。人们把这种有众多旁观者而无一人去承担责任的现象称为责任分散效应。

对于责任分散效应形成的原因，心理学家进行了大量的实验和调查，结果发现，在不同场合下，人们对责任的意识导致他的行为是不同的。当一个人面对任务时，他会清醒认识到他的责任并勇于承担，而如果有许多人面对的话，责任就由大家分担，造成责任分散，产生一种"我不去做，有别人去做"的心理或"看别人会不会做"的观望心理。

为了避免"责任分散效应"带来的不良后果，对班干部的任用采用公开竞选制，管理要实行岗位责任制、专项任务承包制和定期述职评议制。班主任可采用毛遂自荐、公开竞选、考核选拔的程序来"组阁"班委会，根据学生的特长和任职经历任命班长、学习委员等职；指导开好第一次主题班会，让班干部亮好"相"：发表就职演说，公布施政纲领，答"记者问"；张榜公布班干部的分工、职责及其任职目标。公开选举、竞争上岗、就职演说的目的是要废除班干部的"终身"制，引进竞争激励机制，增强班干部的责任感、使命感，避免"责任分散效应"产生的后果，做到人人有事做，事事有人管，人人明责任，个个担风险。在开展班务活动时，可采用指定一人为主、他人协作的专项任务承包制，做到分工协作、责任上肩和风险共担。班干部还要定期述职，接受班主任和全班学生的考核，表彰优秀干部，淘汰不称职的干部，以保持班干部队伍的先进性。

第七章

班干部管理

二、运用共生效应，建立以班干部为核心的"共生圈"

自然界有这样一种有趣的现象：当一株植物单独生长时，显得矮小、单调，而与众多同类植物共同生长时，则根深叶茂，生机盎然。人们把植物界这种相互影响、相互促进的现象，称为"共生效应"。英国"卡文迪许实验室"从 1904 年至 1989 年先后出现了 29 位诺贝尔获奖者，便是"共生效应"一个杰出的典型。

在班级管理中要充分利用"共生效应"，发挥班干部的带头作用，帮助学生建立一个互帮互助的成长"共生圈"。一位教师曾经带过一个学习两极分化严重、班干部和学生严重对立的班级。为了改变这种状况，他将学生组成一个个成长"共生圈"，每个"共生圈"由 6 名学生组成，其中有 1 名班干部和 1 名小组长，在学习成绩上好、中、差搭配，要求他们在学习上互帮互助、纪律上相互监督约束，以小组的学习成绩、行为习惯、学习习惯等方面的成绩为系数，乘每一个成员的成绩来评价学生个人，形成"一荣俱荣、一损皆损"的"共生圈"。小组"共生圈"，促进了每个学生成长：班干部更优秀，去掉了优越、自负的不良品行，主动帮助后进生；后进生在班干部的帮助和感染下，也铆足了劲迎头赶上，中等生感到前有榜样，后有"追兵"，改变了过去"人家骑马我骑驴、后面还有步行的"的不思进取的精神状态，危机感大大增强。各个小组"共生圈"之间相互学习、相互竞赛，整个班级成了一个大的"共生圈"，干群关系融洽，实现了在"共生"中成长，在成长中"共生"。

三、运用"权威效应"，树立班干部的威信

美国心理学家们曾经做过这样一个实验：在给某大学心理学系的学生讲课时，向学生介绍一位从外校请来的德语教师，说这位德语教师是从德国来的著名化学家。实验中这位"化学家"煞有介事地拿出了一个装有蒸馏水的瓶子，说这是他新发现的一种化学物质，有些气味，请在座的学生闻到气味时就举手，结果多数学生都举起了手。对于本来没有气味的蒸馏水，为什么多数学生都认为有气味而举手呢？

这是由于存在一种普遍的社会心理现象——"权威效应"。所谓"权威效应"，就是指说话的人如果地位高，有威信，受人敬重，则所说的话容易引起别人重视，并相信其正确性，即"人微言轻、人贵言重"。"权威效应"的普遍存在，首先是由于人们有"安全心理"，即人们总认为权威人物往往是正确的楷模，服从他们会使自己具备安全感，增加不会出错的"保险系数"；其次是由于人们有"赞许心理"，即人们总认为权威人物的要求往往和社会规范相一致，按照权威人物的要求去做，会得到各方面的赞许和奖励。

班干部的威信既来自于严格自律，又要靠班主任树立和维护。班主任要对班干部进行岗前培训、岗中轮训。岗前培训就是对全体班干部进行职务道德、职务技术培训，如进行口头表达能力、协调能力、组织能力的训练，指导召开主题班会，帮助制定各类规章制度和计划，要求全体班干部严于律己、团结协作，一心为

班干部管理

班级、执政为同学。培训的目的是强化班干部的廉洁自律、合作意识和管理水平。班主任对班干部的工作要多支持，对班干部的威信要多维护：当班干部工作受阻时，班主任要承担责任，不要一味苛责、埋怨；对班干部在工作中的失误，班主任要及时"补台"；对班干部的成绩要给予充分肯定；对能力不强、威信不高的班干部还要进行个别辅导，提高其管理能力和自律能力；对能力差，不能以身作则的班干部要及时教育、帮助，及时改选，不能一味迁就，提防"上梁不正"而导致"下梁歪"。

四、运用"空白效应"，培养班干部的能力

大凡略微懂一些中国画的人都知道，中国画十分注重对空白的运用，无论山水、花草，抑或人物，都在浓墨淡彩之间，留出不少空白，尽管这样，观画的人并未产生画面"虚"的感觉，反而觉得更有意味，内涵更丰富。人是有想象力的，人在感知世界的时候，如果感知对象不完整，便会自然联想，对不完整的感知对象进行补充，直至完整。奇妙的是，人们经过联想去"补充"的感知对象会产生更强烈的心理效应，不仅印象更深刻，而且也更容易记住，心理学上把这种现象称为"空白效应"。齐白石的国画"虾"极具感染力，使观者浮想联翩，在很大程度上得益于"空白效应"。

在学校里，最辛苦、最累的人是班主任，不少班主任不仅要管学生的思想、学习，还要管学生的生活。其实班主任要想干得轻松，绝不能事事包办，而要大胆放权，把自己从班级管理的具

体事务中解脱出来，让班委会主持班级日常管理工作，包括定班规和班计划、开班会、周小结、月评比等工作，以培养班干部应对各种情况的能力和自主工作的能力。当然，班主任在放权的同时，要对一些常规性工作多检查，对临时性工作多协调，对常出现的问题多控制和提醒，对干群矛盾多化解。对班级管理，班主任放权不放手，既管到点子上，又留有管理的"空白"，充分发挥"空白效应"的作用。

附：福建省福清三中班干部工作条例

一、总则

1. 学生干部是学生中的先进人物和带头人，是贯彻教育方针、加强集体建设的骨干和积极分子，是学校和老师的助手，是学校和老师联系学生的桥梁。因此，学生干部责任重大、地位重要，学校必须高度重视，努力培养一支德才兼备的干部队伍。

2. 学生干部由思想进步、作风正派、学习努力并热爱为集体服务的学生担任。

3. 学生干部要努力学习时事政治，关心改革开放，树立面向世界、面向未来、面向现代化的思想。

4. 学生干部要不断以英雄模范人物、三好学生为自己的榜样，努力提高自己的思想境界，逐步树立正确的人生观、世界观、价值观。

5. 学生干部要树立"振兴中华，实现四化"的学习目的，刻苦学习，提高成绩，积极锻炼，努力成为三好学生。

6. 学生干部要不断树立为人民服务思想，加强岗位责任制。主动协助班主任、任课教师、团支部干部和学校各部门做好工作。

7. 学生干部要加强修养，明辨是非。支持好人好事，正风正气。热情帮助学习有困难的同学，与不良现象作斗争。

8. 学生干部工作要加强请示、汇报，重大问题要和班主任老师商量。

二、班委会委员职责

更好地发挥班委会在班级建设中的核心作用，培养学生自治能力，培养班干部的工作责任感，充分发挥各委员的主动性、创造性，在工作中增长才干，特别是班委会委员职责，在班主任指导下明确分工，各负其责，互相配合，同心协力把班委会工作做好。

（一）班长、副班长

1. 在班主任的直接指导下，全面负责班级工作（思想、纪律、班风和学风等），积极开展创建文明班级活动。

2. 定期召开班委会，研究班级工作，制定班级工作计划。

3. 及时落实学校、年段、班主任布置的各项任务，检查、督促班委认真开展工作。

4. 及时向班主任、年段长、学校反映班级学习、活动等情况。

5. 集会（如升旗仪式、校、年段会议等）前负责组织、整理班级队伍，并带队入场、维持秩序。

6. 组织同学学习安全条例，开展安全教育工作。

7. 检查班级安全情况，发现存在不安全因素，应及时向班主任和有关部门反映，采取防范措施。

8. 在班主任不在的情况下，组织并安排班级工作和活动。

（二）纪律委员

1. 负责维持好课堂学习、集会活动的纪律秩序。

2. 对同学之间的争端等要及时疏导，严重事件要及时报告班主任。

3. 负责点名工作，每节课请老师登记签名，并及时向班主任汇报旷课同学情况。

4. 负责向教务处交考勤统计表。

（三）学习委员

1. 负责班级有关学习方面的工作。

2. 督促各科代表及时收缴作业并登记，检查收缴和登记情况，经常向科任教师、班主任汇报。

3. 协助班长组织同学交流学习经验，主动关心学习有困难的同学，适当组织对学习有困难的同学进行帮助。

4. 收集同学对各科教学的建议和要求，及时向有关老师反映，供老师教学时参考。

5. 负责领取教学用具（粉笔、粉笔擦等），督促同学归还学校图书。

（四）宣传委员

1. 负责班级宣传工作。定期出黑板报（每逢单周一期），逢重大节日和活动出好专刊。

2. 负责抓好班级教室的布置、美化工作。

3. 在学校的文艺节、校运会中，负责搞好宣传报道工作。

4. 利用各种宣传阵地，及时宣传班级好人好事，批评不良现象。

（五）劳动委员

1. 负责抓好每周三的教室和包干区的卫生大扫除，安排、督促值日生做好每日两扫工作。努力创造干净、整洁、美观的育人环境。

2. 负责记录劳动出色与不认真的同学并及时反馈给班主任。

3. 认真组织同学按时、按质、按量完成学校布置的每一个劳动或公益劳动任务。

4. 负责购买卫生工具、借领劳动工具。

（六）生活委员

1. 在班主任领导下管好班费，做到收支分明、手续清楚。

2. 协助学校管理好班级财产，发现门窗、课桌椅、日光灯等公物受损及时报告班主任和总务处。

3. 关心同学生活，反映同学的要求，协助班主任解决同学的困难。

4. 协助校医做好同学的卫生保健工作，搞好卫生防病、疫情报告。

（七）文娱委员

1. 定期组织同学开展文娱活动。

2. 组织同学排练文娱节目，参加年段、学校的"合唱节""艺术节"等比赛。

3. 负责筹备举办有特色、有意义的文娱主题班会，如联欢会、元旦晚会。及时发现、推荐、动员文娱骨干积极参加学校各项文娱活动。

（八）体育委员

1. 负责体育课组织同学排队，协助体育教师上好体育课。

2. 组织同学参加校运会等体育竞赛活动，负责抓好运动员的训练工作。

3. 认真做好课间操和眼保健操的集会整队工作，督促同学做到快、静、齐。

4. 体育课负责借领体育用具并及时完整地归还。

三、要求

1. 干部要明确职责，加强责任心，建立岗位责任制。

2. 学校每学期总结干部工作，培训干部，每学年评选优秀干部。

3. 各班要注意培养干部，及时调整干部队伍，使干部队伍永保朝气。

四、优秀班干部条件

1. 思想要求进步。作风正派，道德品质好。

2. 关心集体。积极参加集体活动，热心为集体服务。

3. 团结同学。积极开展互助互帮活动。

4. 学习成绩较好。遵守纪律，助人为乐，文明礼貌，尊敬师长，主动协助老师做好工作。

5. 在同学中能发挥作用。有一定的活动能力和组织能力，能下情上达，上情下达，并敢于同不良现象作斗争；能把同学带动起来。

6. 工作认真、任劳任怨、勇于创新，能较好地完成本职工作或上级交给的各项任务。

第八章　班主任如何与家长沟通

第一节　班主任与家长沟通的几点意识

班主任老师应注意处理好这几种关系：班主任与学生之间的关系、任课老师与学生之间的关系、班主任与学生家长的关系。处理好这几种关系是做好班级工作的必需条件。

现在的学生家长和班主任老师从某种程度上来说关系有点儿紧张，这不太正常，家长和老师因为学生的成绩、行为习惯、责任感、公德心等一系列问题而相互埋怨，这样的关系影响了对学生的培养。在新的社会环境下应加强与家长的沟通和交往，在交往中要尊重家长、善待家长，班主任要确立以下几点意识：

一、服务意识

现在有一些学生是交了比较多的择校费而入学的，在家长的意识里，交了择校费就应有相应的服务，但老师还有传统的教育观念，学生是来求学的，"求学"即为学生要主动，老师可以居高临下。老师要转变观念，要有主动意识、服务意识，要认为现在高中教育是一种产业，学生应为该产业的主体，学校为他们提供良好的学习、生活环境，只有这样才能赢得声誉，争取高质量的生源。

二、尊重学生家长的意识

尊重学生家长是班主任处理好与学生家长关系的首要条件，要尊重学生家长的人格，不能说侮辱学生家长人格的话。现就"请学生家长到校沟通有关学生在校问题"这一事项谈一下。不论在任何情况下请家长到校，都应主动给家长让座、倒水，特别是因学生犯错误而要求学生家长到校时更应注意这一点。在学生犯错误要求学生家长到校的情况下，还应注意以下几点：第一，如果能自己联系上的就尽量不叫学生自己回家联系，应主动联系以表明老师的诚意和态度。第二，学生家长来校以后不应该当着学生家长的面训斥他的孩子，不管怎么样，听别人训斥自己的孩子肯定不好受。第三，可先把家长叫出办公室，在一个单独的环境里向学生家长说明情况，形成一致意见。在学生犯错误解决问题的时候，顾及家长的面子，尊重家长的感受，有利于教师和家长形成合力，共同完成对学生的教育。另外，现在的学生家长很多都有很高的学历，有很高的认识水平和管理孩子的水平，如能经常征求并尊重学生家长的意见，会让家长觉得班主任比较民主、诚实可信，有利于班主任和家长的联系沟通。

三、理性的意识

与学生家长进行沟通交流要注意避免随意性和情绪化。和家长交谈前要详细想好约见家长的主题和目的，注意从多方面收集学生的信息，设计和家长交谈时如何切入主题、如何结束，如何谈学生的优点和问题，总结自己在交谈时方法是否得当，还要考虑如何向学生和其他教师反馈约见家长的情况，最后要思考自己以后在和家长交谈时需要改进和注意的方面。在和家长交谈的时候，不管学生的表现如何，应首先讲出学生的三条优点，任何一个学生家长都会喜欢别人说自己孩子的好，几句夸奖的话会拉近与家长的距离；还要注意善于倾听，如果家长没有把自己的想法说出来，就根本不算是交流；有时候多说不如少说，可以营造平等的谈话气氛，以便我们从中获得有价值的对学生的认识。

四、与学生交往时应多考虑家长的困难，多提管理学生的建议

现在的学生家长大多已经进入中年，上有老、下有小，家里的老人有时候身体不好需要照顾，如再加上孩子成绩不好又不听话，这时学生家长心中会很苦闷。作为学生班主任，从成人的角度和家长多交流，替他们分担一些心理上的负担，有利于促进与家长之间的沟通。和学生家长交流沟通要有诚恳的态度，注意沟通的方法和技巧，就一定能获得比较好的效果，有利于学生的

发展。

第二节　班主任与家长沟通的策略与思考

学生是祖国的未来，是建设祖国的后备军。学生的成长离不开学校的教育，更离不开家长的悉心关怀和教育。父母是孩子的第一任老师，父母的行为直接影响到孩子的思想、品行。作为班主任，怎样与学生家长沟通，是个值得探讨的问题。

一、正确处理和家长的关系

有些班主任喜欢拿出"请家长"这一个利器吓唬学生。有些班主任认为人家的孩子捏在自己的掌心，对待家长比较傲慢，数落他人孩子的不是，振振有辞。一句话，是家长的过错，是学生的过错，完全忘掉了班主任的职责是教育好每个学生。家长有气，只能憋在心里，回家拿孩子出气。学生在家挨了打骂，会造成什么后果呢？学生会恨老师："就是你害我的。"当一个学生恨一个老师时，老师对他的教育已经不起作用了。

有的家长，当面对着老师的时候陪尽笑脸，说尽好话，可是一出校门就忍不住骂人。这样的家长，在家里，当着孩子的面会说老师没有水平，骂老师，护自己的孩子。这些话，让学生听了，会产生非常严重的负面效应。我们教育工作者，追求教育的合力效应，需要家长的密切配合。可是，班主任的一句话不注意，家长就可能会在有意无意之中使反力，使班主任的辛勤劳动付诸东流。有的老师，累得要死，所教的学生，却越教越难教，越教越烦心，是不是该我们反省自己的教育方法呢？

实际上，班主任老师应该尽量直接和学生沟通解决问题，不到万不得已，还是不要轻易搬动家长"这座大山"。请来了，实际上可能给自己添麻烦。假若家长来了，态度一定要谦虚、和蔼、谨慎。讲话时，推心置腹。评价他的孩子，客观公正，先提优点，再指出不足。给家长出点儿教育孩子的小主意，绝不能制造不愉快的因素，人为地制造家长与老师之间的隔阂。与家长沟通了，也就铺平了今后教育成功的道路，对改变孩子在成长过程中的不良态势极为有利。家长回家后，就会配合老师的教育了，使老师的教育越来越得心应手。所以，老师，尤其是班主任，在工作中应不断反思自己工作的过程，改正工作中的缺点，积累工作之中成功的经验。

二、讲究家访工作的策略

蒙台梭利说过："教育就是激发生命，充实生命，协助孩子们用自己的力量生存下去，并帮助他们发展这种精神。"成长中的孩子，在他们的身上每时每刻都会发生变化，有时，这种变化甚至是截然相反的。孩子是变化发展的，教师和家长的观念是否跟得上孩子的变化发展呢？

父母是孩子的第一任老师，家庭教育对孩子的成长起到举足

班主任如何与家长沟通

轻重的作用。学校教育需要家长的配合，班主任工作更需要家长的信任和支持。有些学生家长认为：孩子上学了，孩子的教育就全交给学校了。还有些家长望子成龙心切，把自己的思想完全地强加于孩子。教师是孩子学校生活的教育者，而父母是孩子家庭生活的教育者，为了孩子，教师要与家长相互沟通，共同寻求教育孩子的最佳方法，共同承担起教育孩子的重任。在教育过程中若能取得家长的积极配合，对学生的教育可起到事半功倍的作用。

怎样才能与家长沟通思想共同探讨教育孩子的最佳方法呢？那就是做好家访。怎样才能做好家访，怎样让家长、学生欢迎你家访呢？

对学生和学生家庭的了解，仅通过看学生档案是不够的，因为这些材料是静态的，且不全面、不具体；光凭学生反映也还不够，因为学生看问题的角度不同，有时不一定了解真实情况，有时不便反映，有时反映失真。为了实现学校和家庭教育的有机配合，必须有计划、有步骤地对所有学生家庭进行访问。

进行登门家访或经常电访是班主任工作不可缺少的一部分。一般开学伊始，班主任就要开展这一项工作。这项工作开展得好与坏，很大程度上影响家长对班主任工作的信任与配合，也是班主任与家长共同商洽如何教育学生的一个好机会，更是班主任与家长相互了解的一个重要环节，有利于增强家长对班主任工作的信任。在家访或电访过程中，要着重在学生面前树立家长的威信，力求在家长心目中产生"若没有家长的配合，对子女的教育将会更困难"的感受。从而让家长有一种被重视的心理反应，自觉地配合班主任开展工作。同时，在家长面前对学生提出明确的学习任务。在访问中，被家访或电访过的同学若发生纪律问题，一般能很好地取得家长的配合，对学生的教育效果就会很明显。而没有进行过家访或电访的学生，若产生纪律问题，想取得家长的配合，却要另花一番功夫。根据目的不同，家庭访问又可分为三种类型。

1. 了解性家访。这是一般性家访，适用于多数学生家庭。内容包括：

（1）家长基本情况，包括学历情况、职业情况等；

（2）家庭基本情况，包括居住条件，家庭成员构成、学生父母感情情况、家长对学生的要求等；

（3）学生在家的情况，诸如学习环境、学习时间、看电视时间、交往情况、家务劳动情况等。

2. 目的性家访。这是在了解性家访的基础上对少数学生的特殊情况有针对性的家访，适用于有特殊表现的学生。内容主要是向家长报告其子女的特殊表现或问题，共同商讨协同教育的方式方法。

3. 沟通性家访。这是旨在与家长交换信息、沟通情感，以实现良好配合的家访。适用于因学校、家庭彼此不了解，产生误解或分歧，造成配合欠佳的少数家庭。内容是提出问题，如实介绍情况，耐心听取家长意见，通过心平气和地交换意见，沟通心理，争取实现协同教育。这种沟通性的家访，也可以利用家长接孩子等机会，随时与家长沟通。

班主任对学生家庭进行访问的时候，一定要有明确的目的，并认真制定详尽而可行的计划。访问前，应考虑好与学生家长交谈的问题；访问过程中，态度要诚挚，言辞要恳切。一般的家访，大多是由于学生成绩太差，或出现一些思想问题，班主任登门或通过其他途径向家长通报这些情况，要求家长予以协助。因此，班主任应实事求是地介绍学生各方面的表现，做到不夸大，不缩小。通常应先讲学生的优点，再提缺点，即先肯定学生的长处，再指出他们的不足，最后提出帮助和教育学生的建议和措施。切忌一进门就滔滔不绝地大谈学生的缺点和过失，告学生的状，对学生的成绩和长处闭口不谈或轻描淡写地一带而过。这样易激起学生家长的怒气和反感，不利于获得家长的配合，甚至导致家长对孩子极为不满，孩子又觉得老师很可怕、很可恶。

在家访过程中，还要注意根据不同的家庭类型采取不同的交谈方式：

1. 对于家长素质比较高的家庭，尽可能将学生的表现主动、如实地向家长反映，主动请他们提出教育的措施，认真倾听他们的意见，充分肯定和采纳他们的合理化建议，并适时提出自己的看法，和学生家长一起同心协力，共同做好对学生的教育工作。

2. 对于溺爱型的家庭，交谈时，最好先肯定学生的长处，对学生的良好表现予以真挚的赞赏和表场，然后再适时指出学生的不足。要充分尊重学生家长的感情，肯定家长热爱子女的正确性，使对方在心理上能接纳你的意见。同时，也要用恳切的语言指出溺爱对孩子成长的危害，耐心热情地帮助和说服家长采取正确的方式来教育子女，启发家长实事求是地反映学生的情况，千万不要袒护自己的子女，因溺爱而隐瞒子女的过失。

3. 对于放任不管型的家庭，班主任老师在进行家访时要多报喜、少报忧，使学生家长认识到孩子的发展前途，激发家长对孩子的爱心和期望心理，改变对子女放任不管的态度，吸引他们主动参与对孩子的教育活动。同时，还要委婉地向家长指出放任不管对孩子的影响，使家长明白，孩子生长在一个缺乏爱心的家庭是很痛苦的，从而增强家长对子女的关心程度，增进家长与子女间的感情，为学生的良好发展创造一个合适的环境。

除了交流沟通的内容和方式要注意之外，班主任还要选择好家访的时间。家访一般应选择家长休息在家的时候，如节假日，家长的双休日或晚间，但晚上家访，时间不易太久，以免影响第二天家长的工作或学生的学习。如果方便的话，事先应预约一下。另外，家访时，若无特殊需要，一般应避开学生本人，尽可能选择学生不在家时去家访。

当然，对学生进行家访亦应注意如下几个问题：

1. 不宜在学生出现问题时才去家访。教师家访的目的，是与学生家长进行沟通，让家长了解孩子在校的学习、生活情况，同时，教师也通过与家长的交谈，更进一步了解学生在家的学习、生活情况，使教师有针对性地对学生进行教育。但是，教师家访时更要抓住时机，讲究交谈的艺术性，避免让家长或学生误认为老师的家访是向家长告状，那将会适得其反。在家访过程中，甚至有家长在老师一踏入其家门就问"是否其子女在学校犯了什么错误"。这表明长期以来，班主任的家访工作有所失误——要不就是不进行家访，要不就是等学生犯错误时才匆匆忙忙向家长"汇报"。这样在家长心目中形成了一种错误的认识——学生犯了错误时老师才会来家访。家访是班主任工作的一部分，应该贯彻在每个学期的教育过

第八章

班主任如何与家长沟通

程中。家访宜采取闲聊的方式进行，在日常交谈中取得应有的效果。不宜过于严肃，更不宜在学生出现问题时才去家访。因此，教师的家访要选择合适的时间，如在学生生病、受伤或家中遇到困难时，教师的出现，关爱的眼神，亲切的问候，一定能起到用言语所不能及的效果，教育的目的也会在不知不觉中达到了。

2. 班主任宜个人进行家访，不宜多人集体家访。班主任在家访时，目的就是了解学生在家庭中的表现和取得家长的支持，班主任个人单独去进行家访，更能取得家长的信任，若集体家访，则会给家长一定的心理压力，并且会给家长不良的感觉——这只不过是学校工作的一种形式。因此，往往得不到应有的效果。班主任单独的家访，能够与家长建立私人感情，从而取得家长的支持和理解。

3. 家访时宜树立家长对孩子的信心。每个学生都希望得到老师的表扬或鼓励，因此，当学生有了进步或在某一方面取得了一定的成绩时，教师都要发自内心地进行赞扬，由衷地表示祝贺，并通过家访的形式告诉家长，使学生有成就感，那么，他的学习会更加努力，他的思想会更加进步。同时，家长也会分享孩子的快乐，会更加关注孩子、关注学校。在家访中班主任宜与家长共同商洽教育学生的方法，树立家长对教育子女的信心，而不宜过多地指出学生的错误，削弱家长对子女的信心。

随着人们生活节奏的加快，教师工作很忙，空闲时间有限，加上目前学校班型较大，不便于对所有学生都采用家访的形式，教师挨家挨户上门访问已变得越来越难以实现。因此，要根据学生的具体情况而选择适当的形式进行家访，如登门家访、电话家访、书信家访（包括发电子邮件）等，让家长感到与教师的沟通亲切、自然。比如对于离校较远或家长工作很忙的家庭，可采取书信的方式与家长取得联系，把学生的表现和学校的要求及个人的想法告诉家长，并要求家长反馈学生在家庭中的情况，征求家长对学校工作的意见，请求家长协助学校进行教育工作。对于个别学生，因有些问题面谈反而效果不佳，也可以采取这种方式。由于书面联系有充分的思考余地，有些不便当面表达的情感，可以在纸上充分流露，一封满怀深情、诚挚感人的书信往往可以对家长产生强有力的影响。

书面联系是大面积、高效率、常规性联系学生家庭的方式。其局限性是，了解的情况不够直接和全面。书面联系，通常以告家长书、家庭联系卡（或本）、成绩通知单、周记、考试卷等形式进行。采用书面联系这种方式，班主任应该注意所谈的内容要具体、单一，不可太复杂或笼统，可针对学生情况书写简明扼要的意见、建议和要求，并请家长附注意见。可能引起家长反感的内容、可能导致家长对孩子发火的内容、可能对孩子教育产生负面影响的内容、比较复杂的内容，不要写进"书面"中去。

三、认真筹备好家长会，充分发挥家长会的教育作用

（一）家长会

家长会是广泛联系家长解决普遍性问题、吸引家长参加学校教育的重要方式。一般由班主任发起并组织，在学期初、学期中、

学期末举行，邀请全体家长参加。

开学之初的家长会可以只是介绍班级工作计划，提出对学生的要求和希望；学期中的家长会，主要报告开学以来的教育教学情况，学生存在的倾向性问题和下一段工作安排等；学期末的家长会，主要报告工作总结，指导家长帮助学生过好假期等。如有重要情况需要家长知道，也可临时安排家长会。

根据会议的内容不同，家长会可以采取以下几种形式：

1. 教师报告会。一般主要是由班主任老师介绍班级学生的具体情况，家长了解相关信息，不进行讨论。在家长会上，班主任应向家长报告本班的教育教学情况，提出教育学生的意见和要求，征求学生家长的意见，动员家长协助学校搞好学生的教育工作。也可以请本班教师或专家做有关教育问题的报告。

2. 经验交流会。主要是家长之间相互交流彼此教育子女、协同学校进行教育工作的心得体会，班主任小结。也可以请家长介绍教育子女的经验等。

3. 学习成绩汇报会（学习成果展览会）。就是学生以实物形式或文字语言等方式向家长汇报自己的成绩和进步，以使家长了解学生，使学生彼此促进。这类家长会的形式，可以适当灵活一些，丰富多样，不必千篇一律，不必恪守一种模式。如举行学生成果展览、文娱表演，由学生代表向家长汇报班级同学的学习、思想、生活情况等，使家长看到子女在各方面的成长，从而更好地配合学校的工作。

4. 家长老师恳谈会。这种家长会与上述三种家长会最明显的不同之处在于，不是邀请全体家长参加，而是只邀请有关家长参加，就某些学生的专门问题进行协调讨论，统一认识，寻求教育良方。

为了更好地调动和发挥家长在学生教育工作中的作用，有条件的还可以组织家长委员会。根据工作需要，在适当的时候召开家长委员会会议。

要使家长会顺利召开并取得所期望的效果，会议的目的、要求一定要首先明确，选时要恰当，会议的内容应事先书面通知，要经过充分的准备，并要妥善确定开会时间，力争使绝大多数的家长都能参加。同时，会议的召开要准时，不拖拉。班主任一定要有发言，班主任的发言，要充分体现对家长的尊重和对学生的热爱，以引发家长的共鸣。这样才能取得预期的效果。

（二）每学期召开一次家长会

充分利用家长会召开的机会，最大程度上争取到多数家长对班主任工作、对学校的信任和支持。家长会是集中学生家长到校进行的一次会议，利用得好，可使家长在短时间内了解学校的各种教育意图和家长应配合学校工作的各个方面，同时也可对学生进行一次较全面的教育。当然，若组织不好，会提供让家长集体发牢骚的机会。所以，在组织召开家长会时，班主任必须注意如下几点：

1. 作为班主任，在召开家长会之前一定要准备好发言稿，最好将其当作一节"公开课"，积极备课，严格确定主题内容。比如在家长会前，事先思考一些家庭教育存在的薄弱环节，选取"家长应如何教育子女"的主题。在家长会上，同家长共同探讨有关教育子女的方法、经验，会取得非常好的效果。

2. 班主任老师要在家长会进行过程当中，控制好整个会议的进程，不要让家长过多地去发泄平时的不满，从而造成负面的影响，而对班主任工作产生不良的效应。这就要求班主任在控制议程中，多举些与主题有关的正面事例来引起家长的思考，从而让家长达成必须想办法教育子女的共识。

3. 有可能、有必要的情况下，可以让学生与家长同时出席家长会。对学生的教育不是一朝一夕的事，必须通过家庭与学校相互协作才能取得好的效果。当然，除了上述的方法外，还有其他方式方法可以取得家长对班主任工作的信任和支持。

（三）重视家长会上的讲话

家长会是连接学校和家庭的桥梁，是学校与家庭沟通的最佳途径。作为班主任，首先要摆正位置，不要以为家长会是学校的事，班主任只要随便讲几句就可以了，如果这样想的话，那么召开家长会就会失去意义。家长满怀希望来到学校，更想了解孩子在班内的一系列表现，作为班主任应做好充分准备。首先必须得感谢家长光临，这是对班主任工作的支持。从理解教育的角度来说，要理解家长的心情，尤其是后进生家长的心情，所以在家长会上应尽可能以表扬为主，把班级中好的一方面予以展示，给予表扬。如对班级工作出色的、期中考试中成绩突出的、进步明显的、运动会上表现突出的……均要予以表扬，让家长有自豪感，有成功的喜悦。同时委婉地指出存在的问题，提出一些改变孩子缺点的良好建议。千万不能点名，只说现象；有些问题突出的，班主任老师可在会后进行个别交流。

我们经常会听到家长抱怨，说现在的书很难读，做家长的却又不懂，也不知道孩子是否已保质保量地完成作业之类。作为教师尤其是班主任老师应正确理解家长的苦恼，这是实话、真心话。教师需要的是要求家长能够协助我们，使学生养成良好的学习习惯，改变在学习过程中的盲目性、无计划性，克服随意、懒散等不良的学习习惯。

四、区别对待"问题学生"家访

"问题学生"的确有很多不尽如人意的地方，这部分学生的家访工作也是要高度重视的。怎样做好这部分学生的家访呢？这要根据学生的不同情况而区别对待。

有一部分学生天资聪明，家庭条件比较优越，在家里受到家长的溺爱，在学校又因学生成绩优异而受到老师的特别青睐。这一切都会使他们养成骄傲、自负、任性的个性，在与同学相处时，表现为遇事不肯帮助别人，学习上自私，不关心集体，不爱参加劳动，不喜欢听批评的话，经不住挫折的打击。像这样的学生随着年龄的增长，在现实生活中遇到的挫折也会越来越多，因此，帮助他们学会与人合作、学会理解别人、学会感激别人是当务之急。做好这部分学生的家访，要充分肯定学生的优点，把老师的想法告诉家长，与家长达成共识，找出原因并制定相应的措施，从学生生活中的小事入手，逐步改变学生的思想，使他们能够健康地成长。

对于一些在学习上有困难的学生或所谓"捣蛋"学生的家访，教师更要谨慎行事，避免让家长感到"学生又犯了什么错"，从而对老师的到来产生抵触情绪。这些学生虽然由于种种原因造成学习有困难或不遵守学校纪律，但他们的身上总是存在一些闪光点（哪怕是一点点），教师要捧着一颗爱心，了解孩子的心灵需要，并帮助孩子满足这种心灵需要。不仅仅是在学生"犯错误"的时候纠正他们的错误，更重要的是要善于发现学生身上的积极品质，并细心地培育他们。每个学生都希望老师看到自己的长处，看到自己的进步，更希望老师把自己的进步告诉同学，告诉家长。而做家长的又有谁不想听到老师对自己孩子的肯定呢？在肯定中委婉要求，在要求中透着赏识。这样的家访，一定能激发学生潜在的智能，让学生自尊自信，增强战胜困难的能力。学生的家长也能更全面地了解孩子，主动与老师共同商讨教育孩子的方法，密切配合学校的工作。

学生的成长需要家长、老师不断提供使他们成功的机会。只要教师热爱教育，善待每一个学生，学生就会喜欢教师，家长也会欢迎广大教师家访的。

第三节　青年班主任与家长沟通的艺术

青年班主任因为刚刚走上教师这样一个特殊的工作岗位，同时由于年轻缺少实际教育教学经验，家长可能对其能力产生怀疑，甚至轻视；而青年班主任由于年轻气盛，面对家长的挑剔和无端的指责往往不能克制自己的感情，从而导致双方矛盾的激化。那么青年班主任又该如何与家长沟通呢？

一、以礼待人

1. 礼节周全、热情大方。不论是去登门家访还是请家长到学校来了解情况，青年班主任都必须要注意自己的外在形象，衣着整洁、精神焕发会给家长留下美好的印象，也是对家长的尊重。家访时要尊重他人的生活习惯，而家长来访时，我们要起身欢迎，端椅递茶，家长走时要起身相送，而且要尽量使用文明用语，如"请坐""请喝茶"等。这样就会使家长明白你是一个很有道德修养的班主任，为彼此间的交流奠定良好的基础。

2. 选择恰当时机。与家长进行沟通的时候，最好采用事先约定的方式。家长太忙或自己抽不出时间接待，都不是合适的时机。有的青年班主任在与学生发生矛盾而无法解决时，请家长协助，在家长一时抽不出身的情况下，仍然要求家长赶来，结果问题不能得到解决，反而使矛盾激化。有的家长来访，而班主任又没时间接待，把家长晾一边，只会导致家长牢骚满腹。

3. 面带微笑。在人际交往中，微笑的魅力是无穷的，它就像巨大的磁铁吸引铁片一样让人无法拒绝。青年班主任在面对家长的指责时，要克制自己的怨气，不要和家长争执，更不要挖苦、讽刺学生而伤及家长，脸上要充满微笑，那么无论是多么尴尬或困难，都能轻易渡过，赢得家长的好感，体现自己的宽容大度，从而消除误解和矛盾。

二、以情动人

1. 让家长知道作为班主任的你对他的孩子特别重视。事前要充分了解学生，包括学习成绩、性格特点、优点和缺点、家庭基本情况以及你为这个孩子做了哪些工作等，最好拟一个简单的提纲。这样在与家长交流时，就能让他产生老师对他的孩子特别重视的感觉以及班主任工作细致、认真负责的好印象。这样从情感上就更容易沟通。

2. 让家长对自己的孩子充满信心。和家长交流时，青年班主任最感头痛的是面对后进生的家长。面对孩子可怜的分数，无话可说；面对家长失望的叹息，无言以对。对于后进生，我们不能用成绩这一个标准来否定学生，要尽量发掘其闪光点，要让家长看到孩子的长处，看到孩子的进步，看到希望。对孩子的缺点，不能不说，不能一次说得太多，不能言过其实，更不能用"这孩子很笨"这样的话。在说到学生的优点时要热情、有力度，而在说学生缺点时，语气要舒缓婉转，这样就会让家长感到对他的孩子充满信心。家长只有对自己的孩子有了信心，才会更主动地与老师交流，配合老师的工作。

3. 让家长明白他的意见很重要。谦虚诚恳，专心倾听，会让家长感到自己很受重视。即使是一个牢骚满腹、怨气冲天，甚至不容易对付的家长，在一个具有耐心、同情心的善于倾听的班主任面前，也会被"软化"得通情达理。要认真、耐心地听家长倾

第八章

班主任如何与家长沟通

述，同时要辅以眼神、动作，间或插以"对"或"是"这样的短语呼应，最好是动笔记一下要点；同时要表现出对家长心情的理解，坦诚地与家长交流，这样可以对学生情况有更全面的了解。

三、以理服人

"望子成龙，望女成凤"的家长们真正面对自己孩子存在的各种实际问题时往往束手无策，他们很苦恼，也很着急，他们迫切希望从班主任那里寻找到解决问题的"灵丹妙药"。青年班主任如果能够及时地提供一些合理的建议，将会增加家长的感激和信任，从而树立自己的威信。而在给家长建议时，要注意以下几点：

1. 语气要委婉。青年班主任面对的基本上都是比自己年长的学生家长，千万不能有居高临下的心态和倨傲的态度，最好不要使用"你应该"或"你必须"这样命令性的字眼，而应该说"我认为"或"你认为怎样"这些婉转、协商性质的词语，这样家长更乐意也更容易接受我们的建议。当然也不能过于谦虚，在确定无疑时，语气也应该十分肯定，让家长相信班主任的意见是不容质疑的。

2. 要有针对性。在解答家长的疑惑、疑问或给家长提出建议时，一定要有针对性。要针对学生的实际情况（如成绩、个性等），不能模糊不清，泛泛而谈，让家长觉得不着边际，听似全有理却不能解决实际问题，从而产生失望情绪，进而对班主任的工作能力产生怀疑。

3. 要科学实用。给家长提出的建议要条理清晰，言简意赅，最重要的是科学实用。没有把握的不要说，记不准确的不能说，要实事求是，不能言过其实，故作高深。如果我们的建议不科学、不合理，在家长心中的威信就会大打折扣。所以加强自身的理论素养，积极探索，勤于思考班主任工作的艺术十分重要。

无论运用何种方式、何种技巧与家长沟通，最为关键的是要以诚待人，以心换心，同时努力提高自己的道德修养和理论水平，这样才可以架起心与心之间的桥梁。

第八章

班主任如何与家长沟通